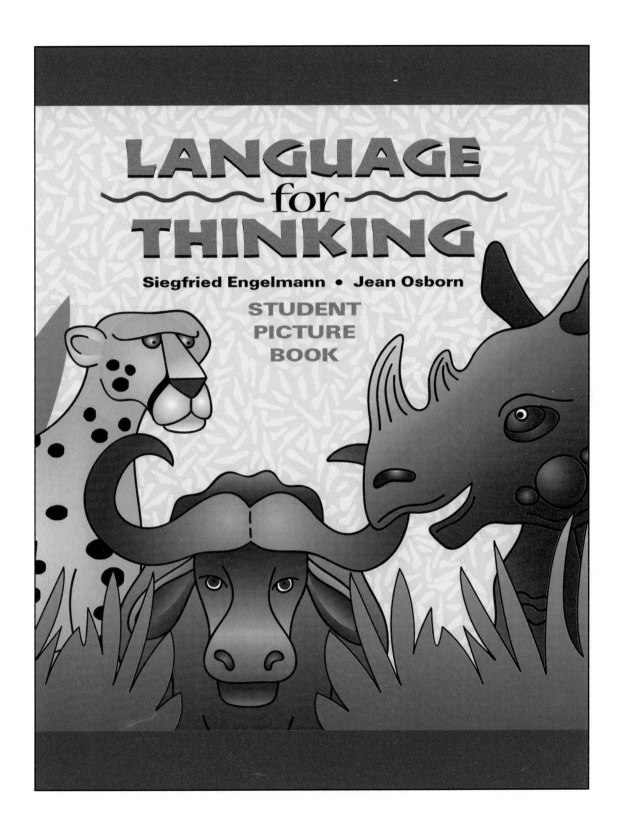

LANGUAGE
for
THINKING

Siegfried Engelmann • Jean Osborn

STUDENT
PICTURE
BOOK

A Division of The McGraw-Hill Companies

Columbus, Ohio

Table of Contents

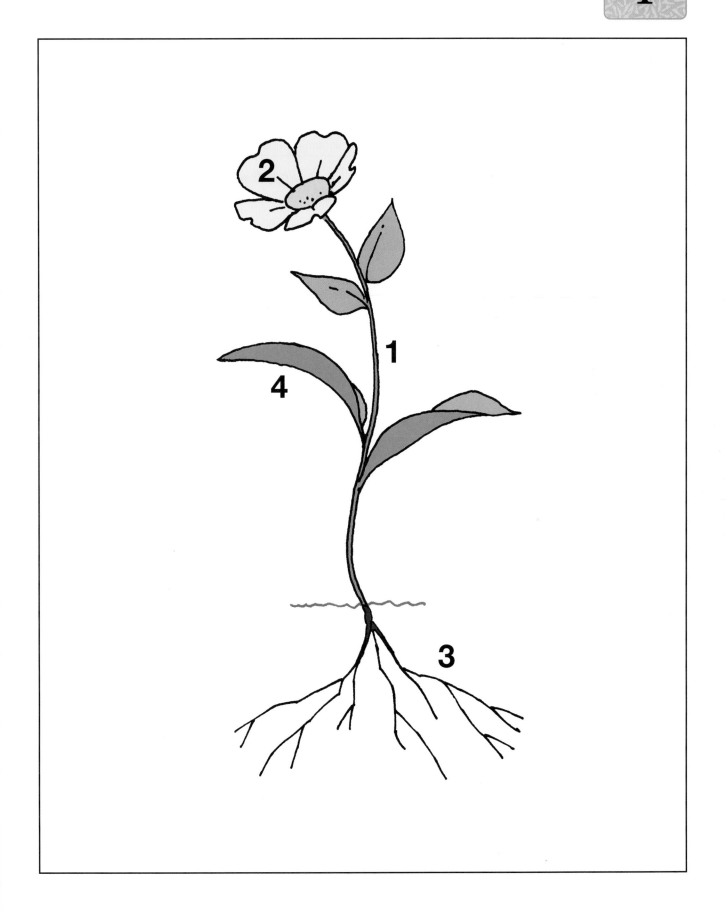

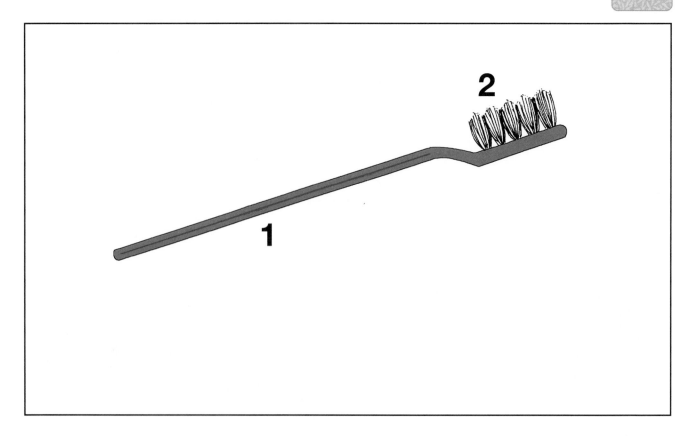

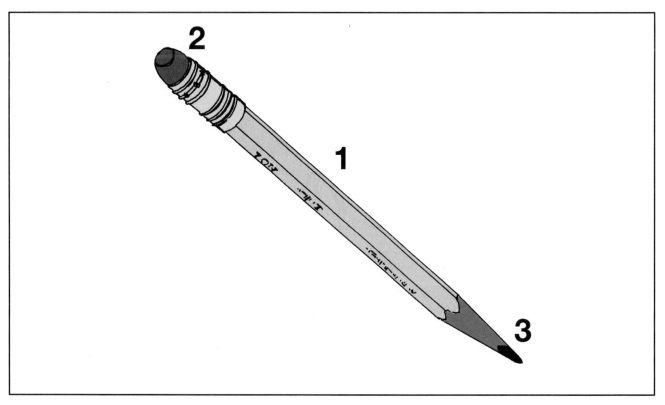

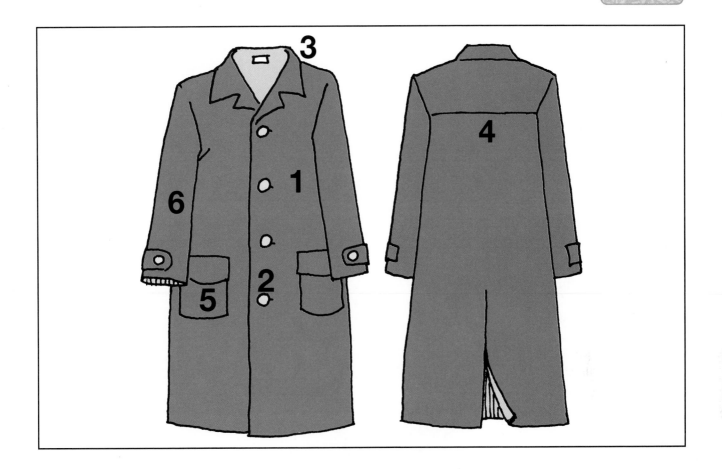

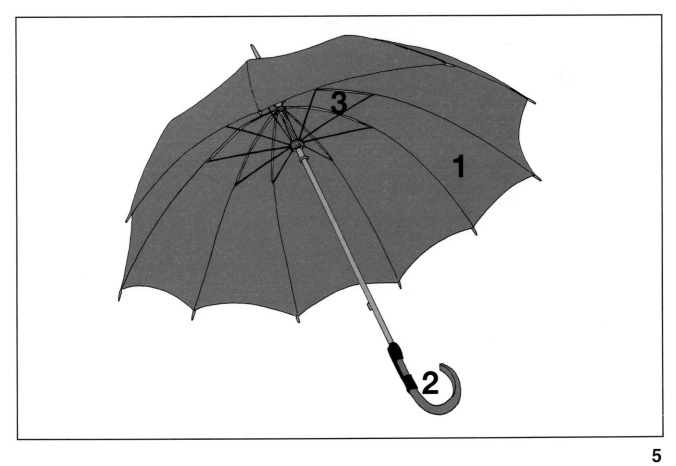

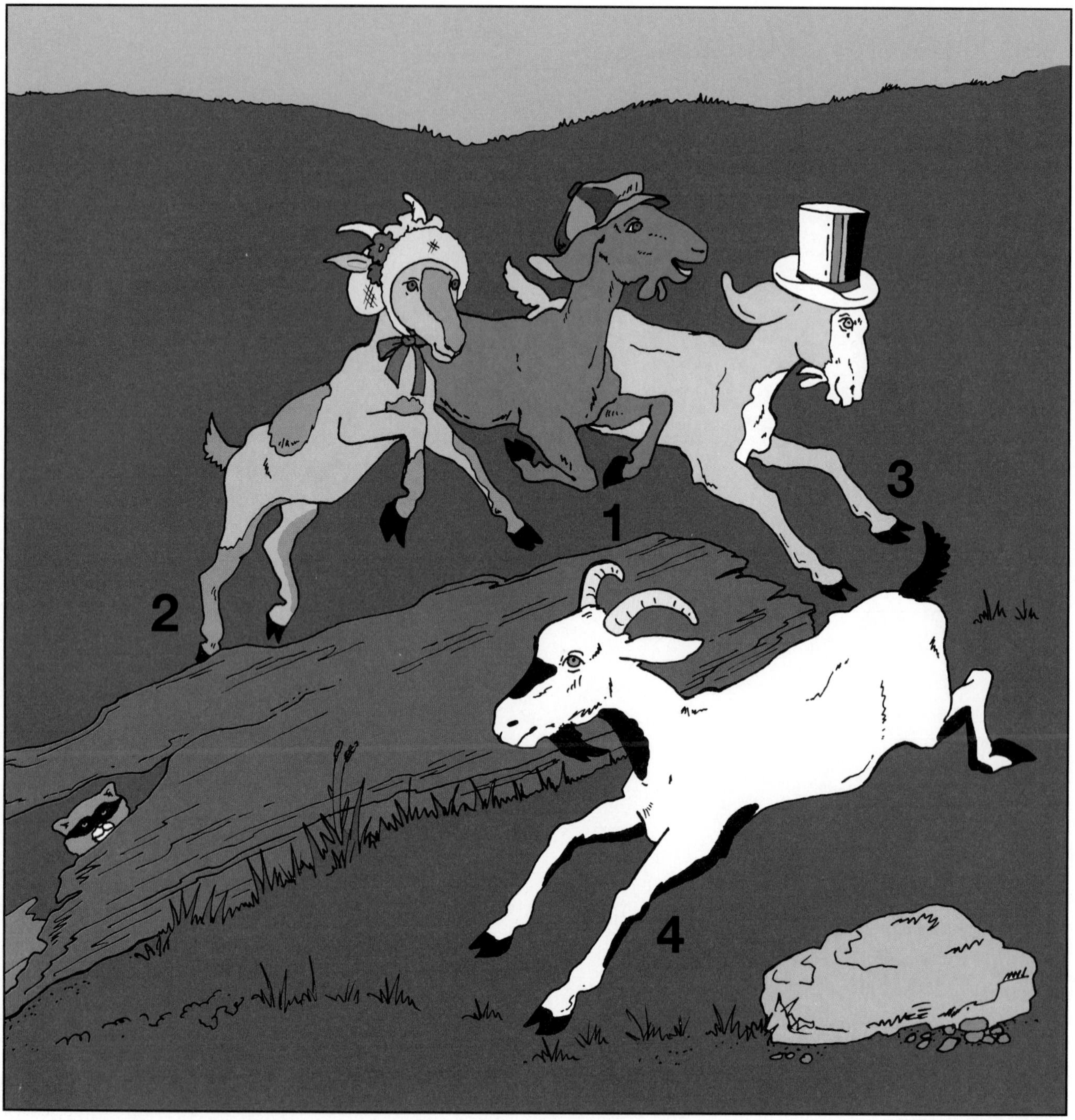
1
2
3
4

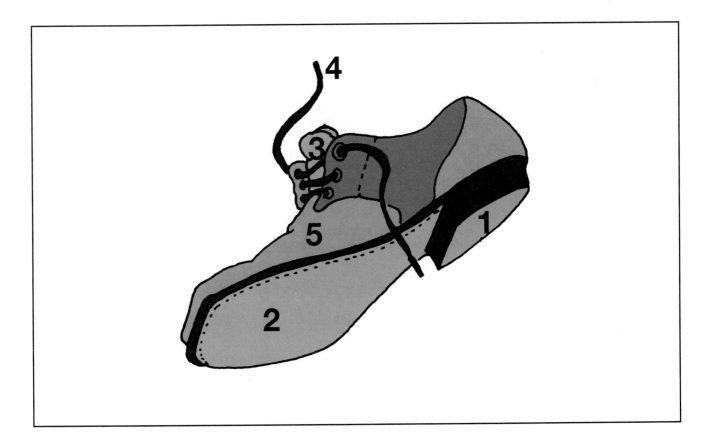

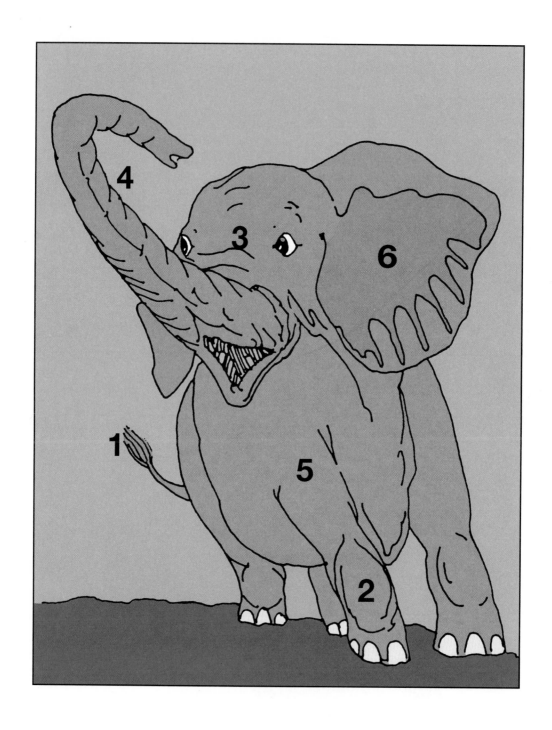

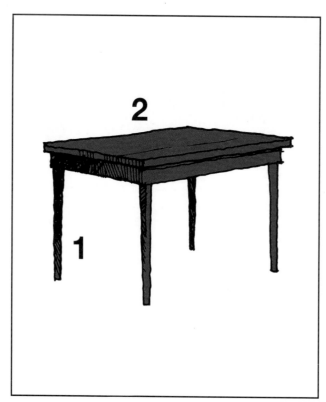

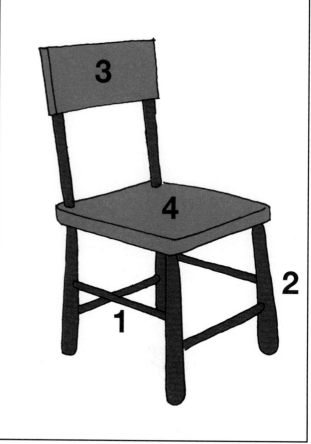

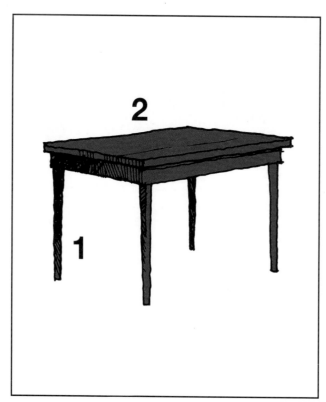

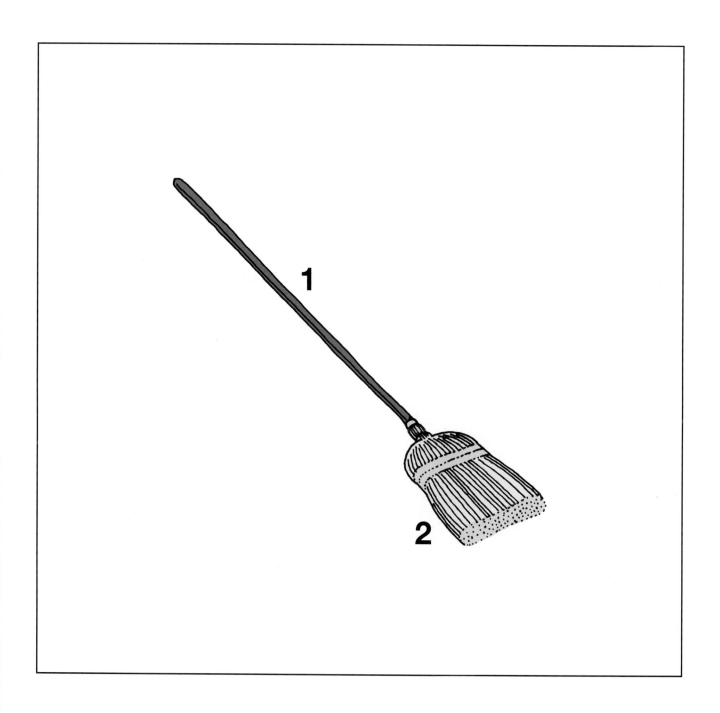

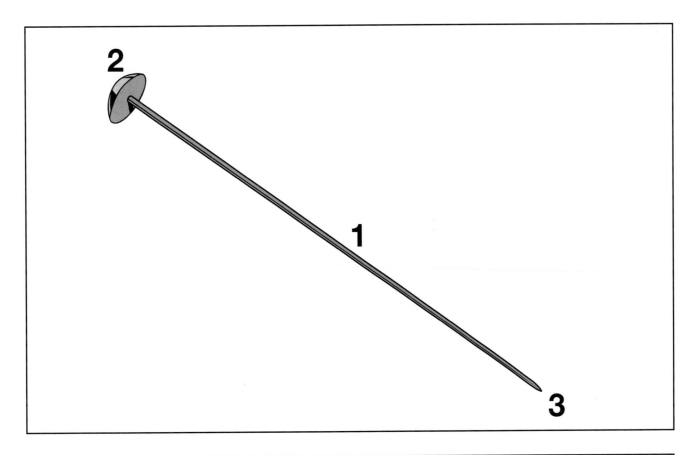

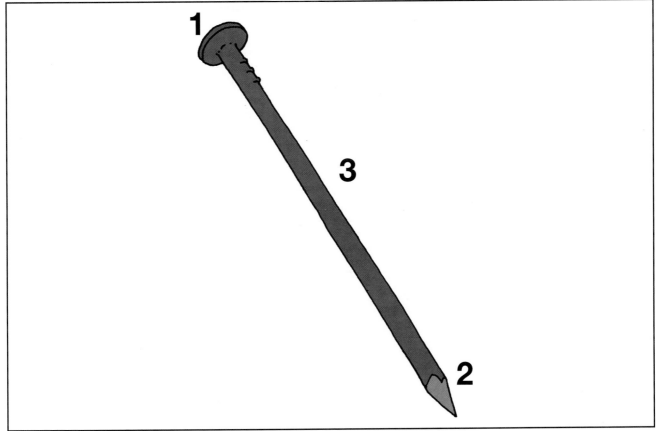

1

2

1

2

3

4

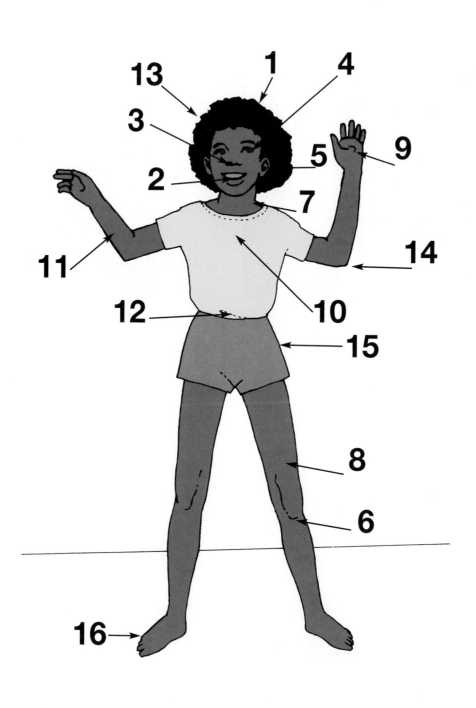

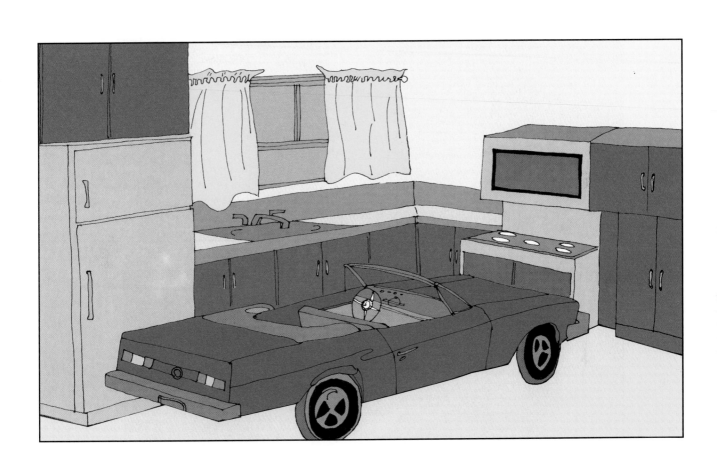

1

2

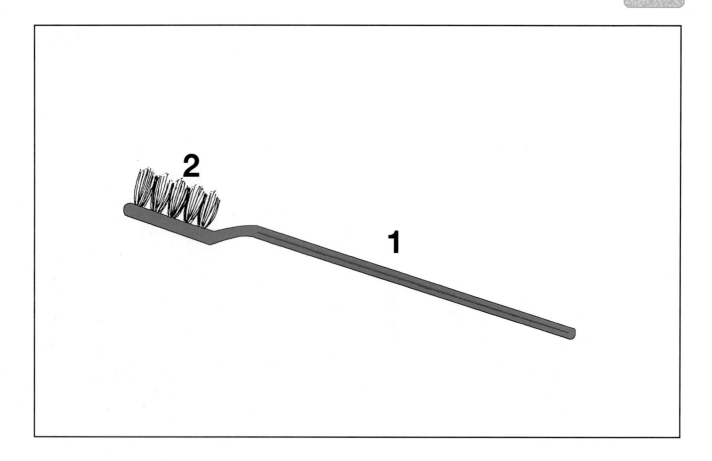

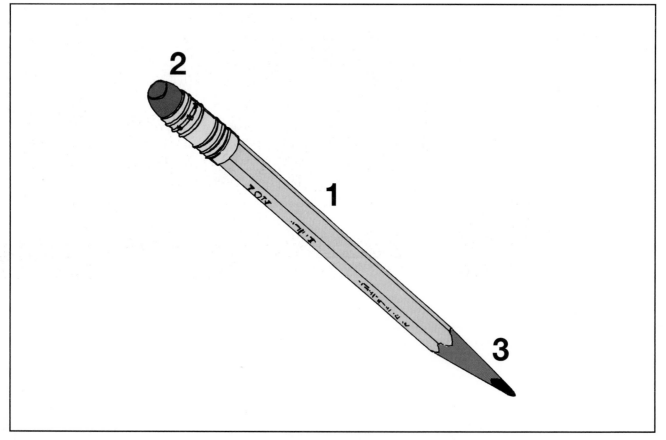

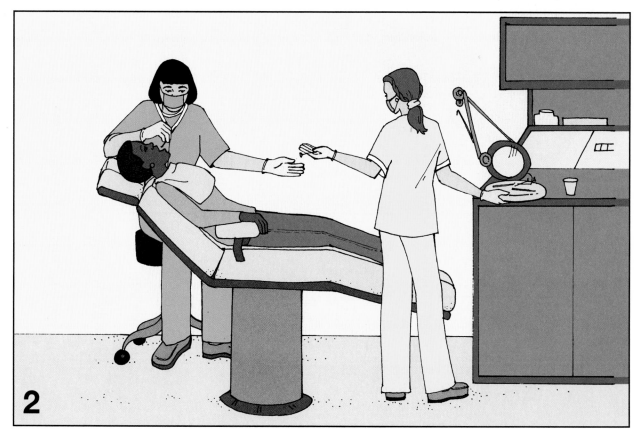

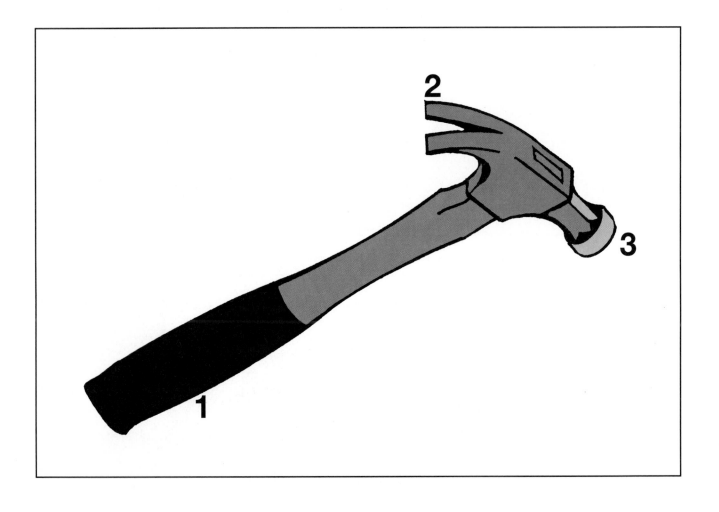

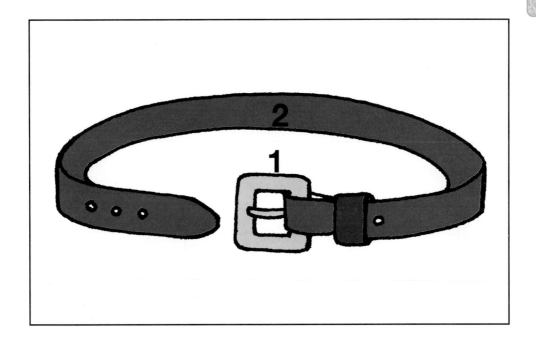

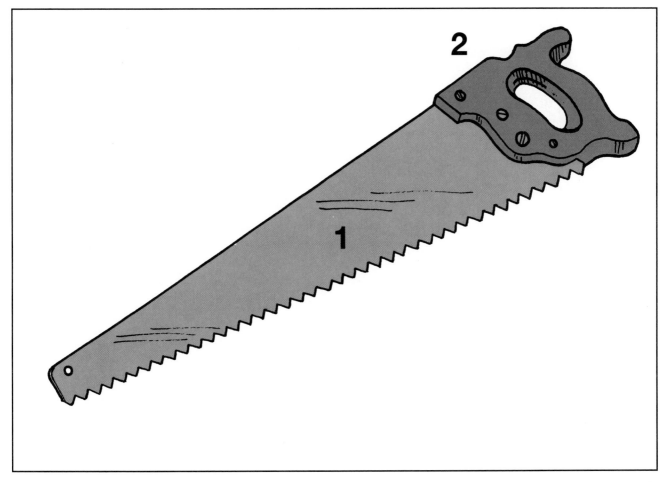

1

2

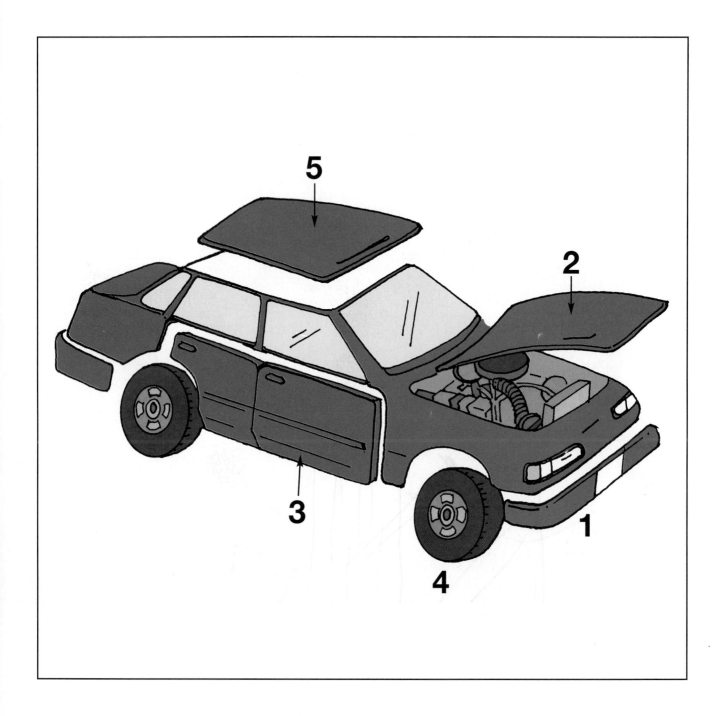

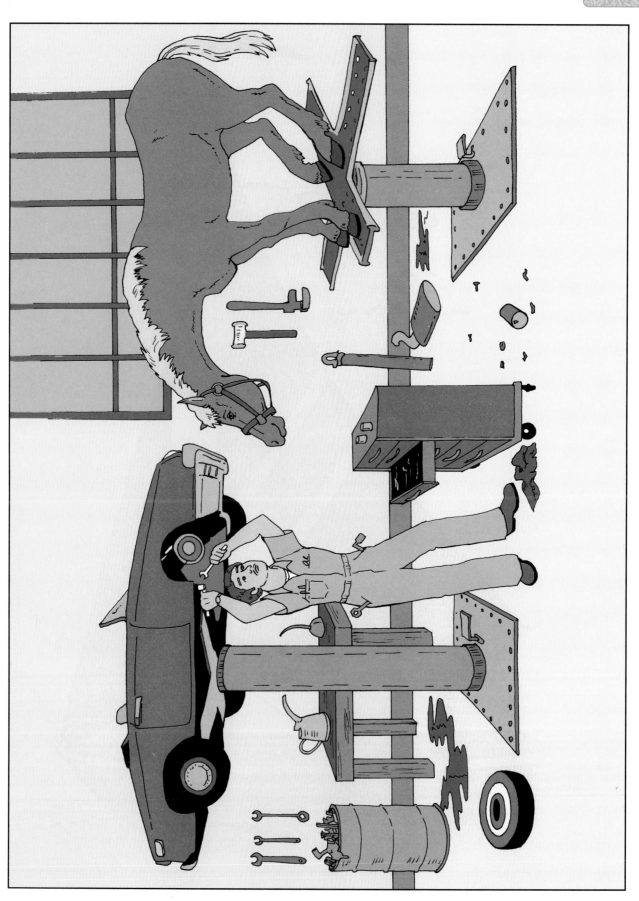

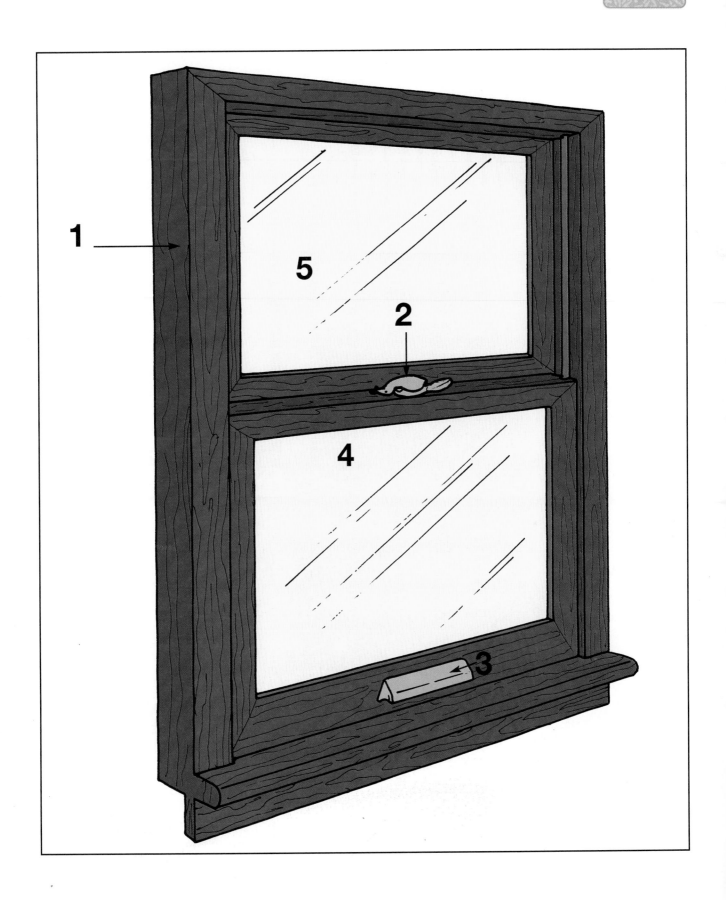

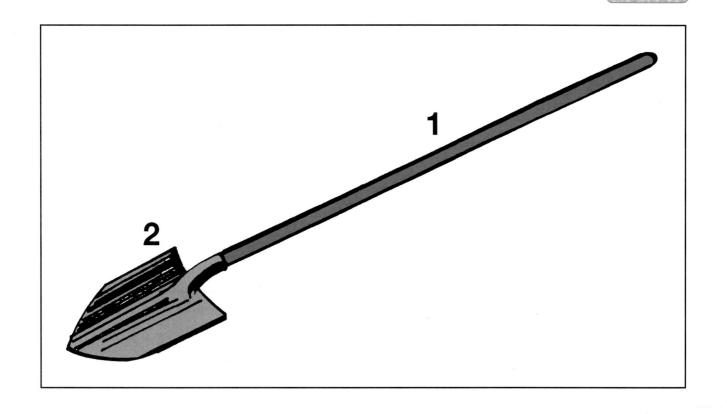

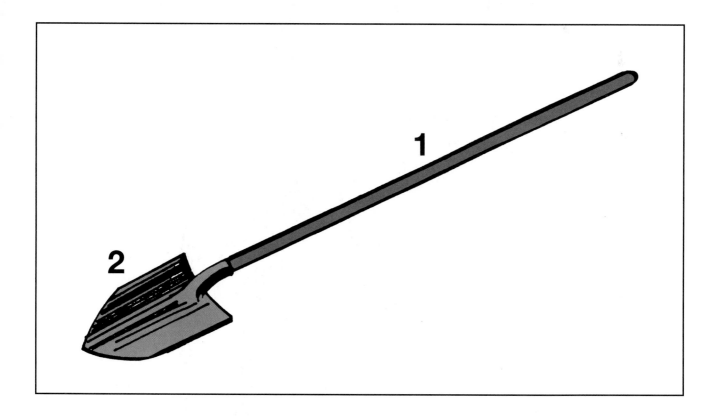

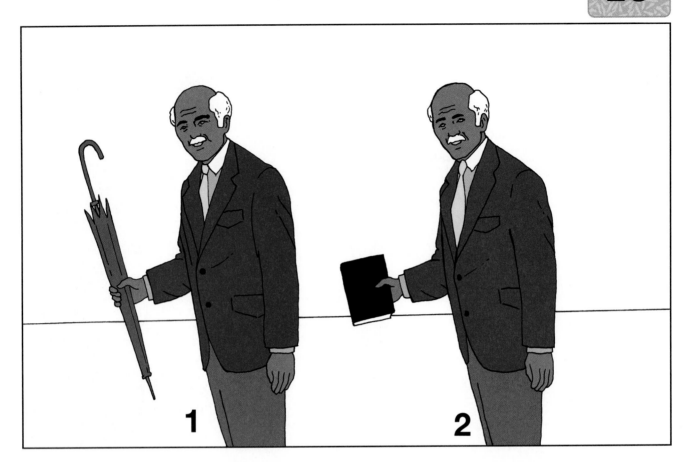

1   2

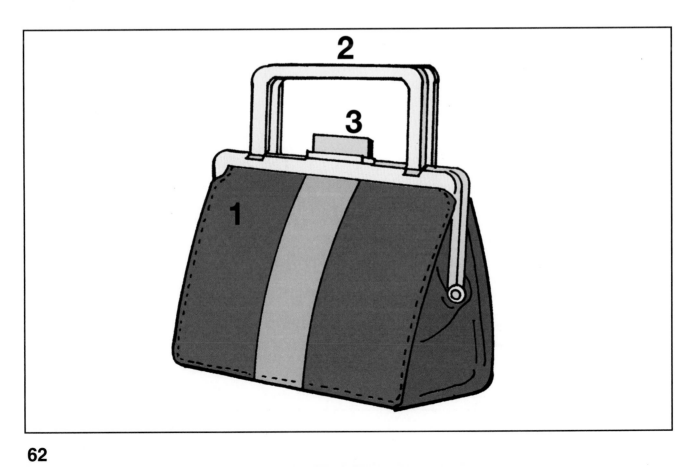

2

3

1

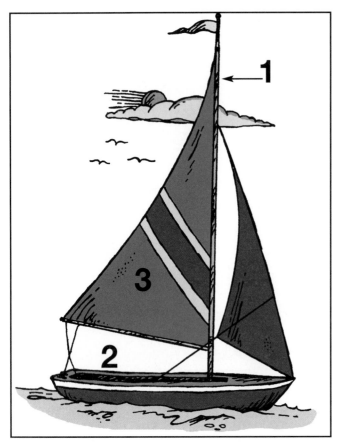

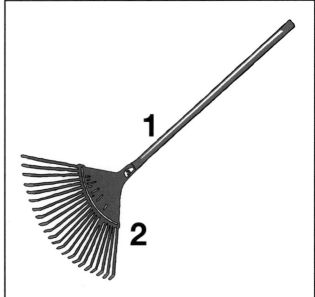

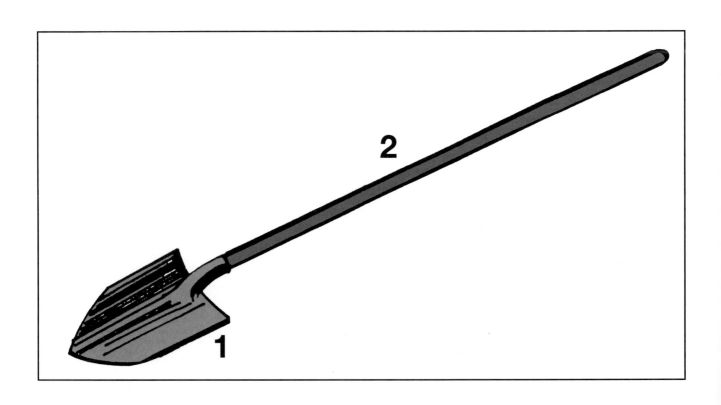

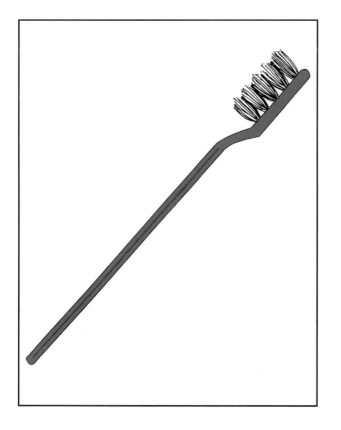

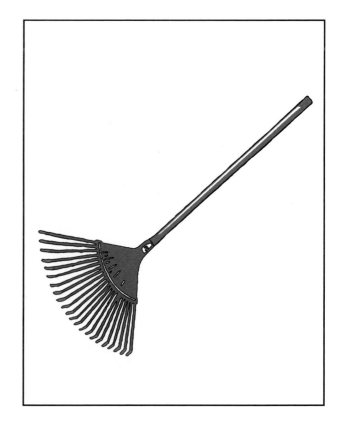

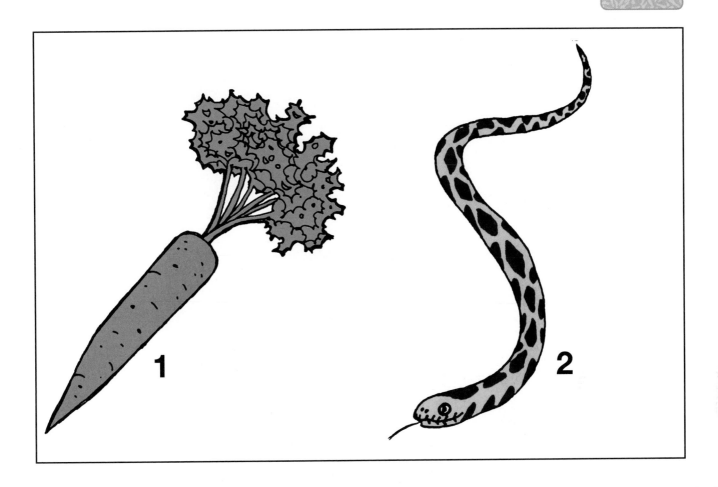

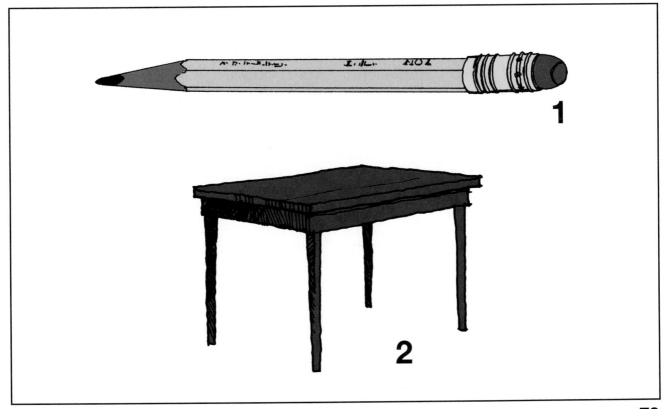

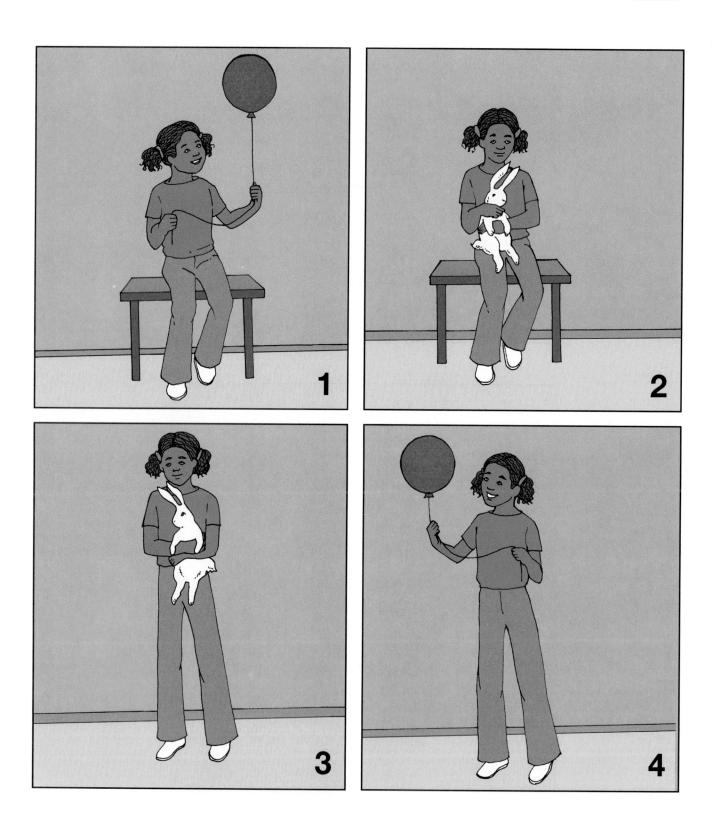

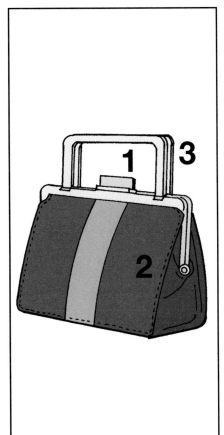

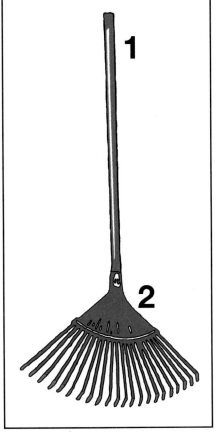

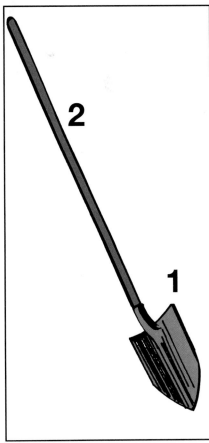

1

2

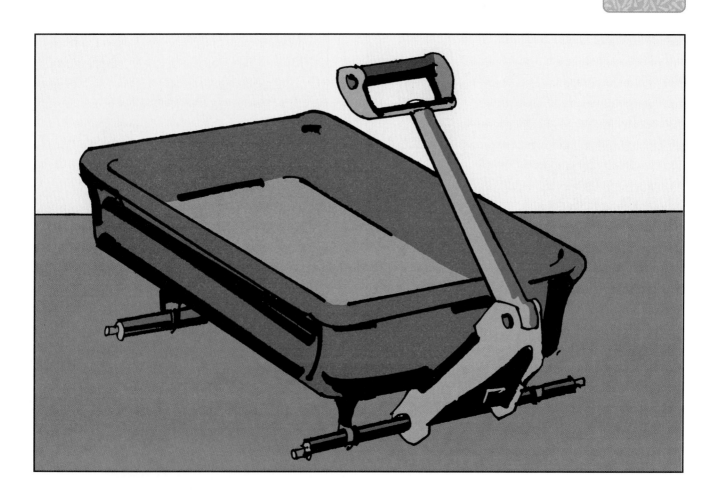

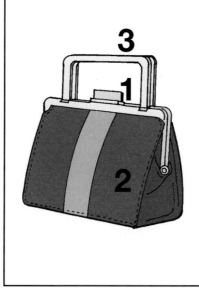

1

2

1

2

1

2

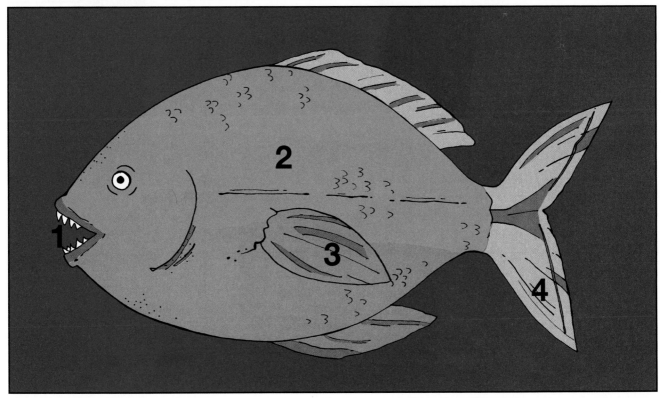

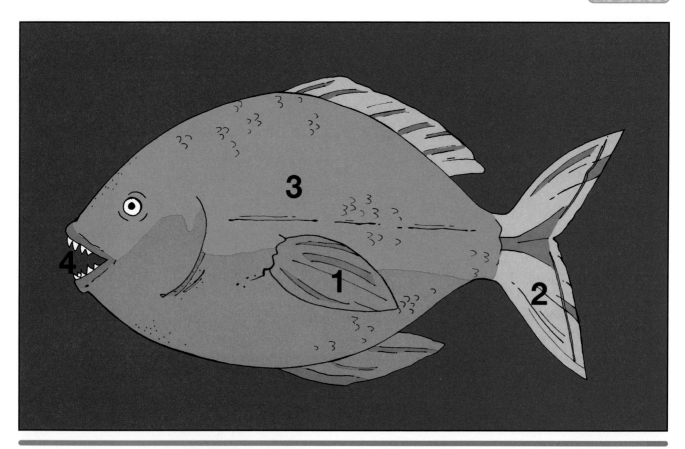

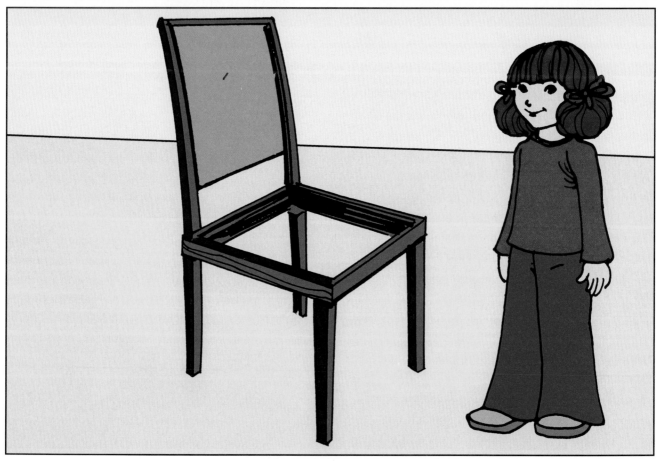

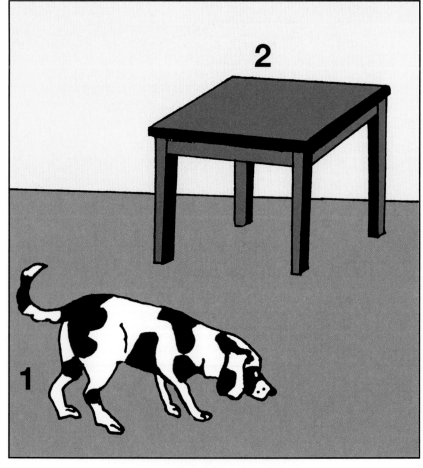

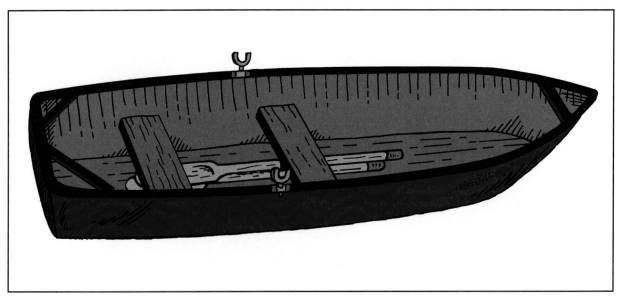

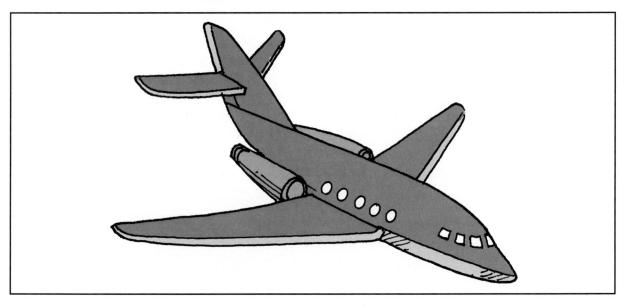

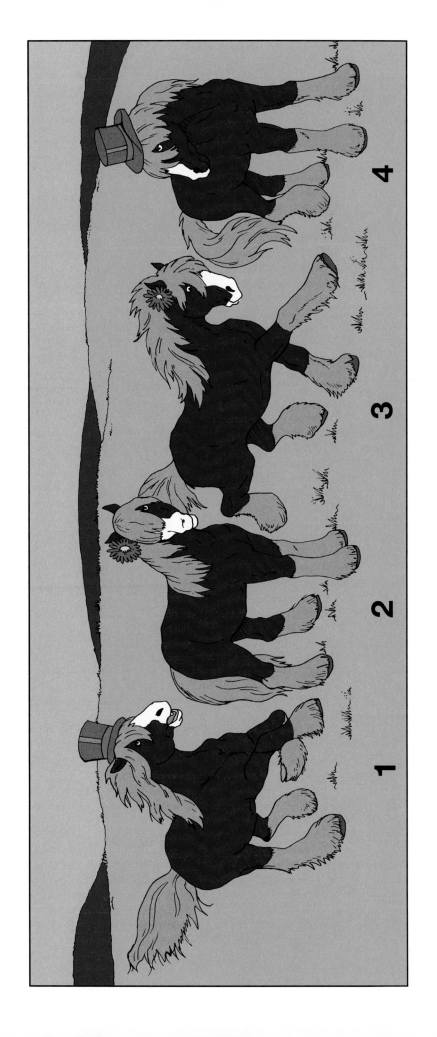

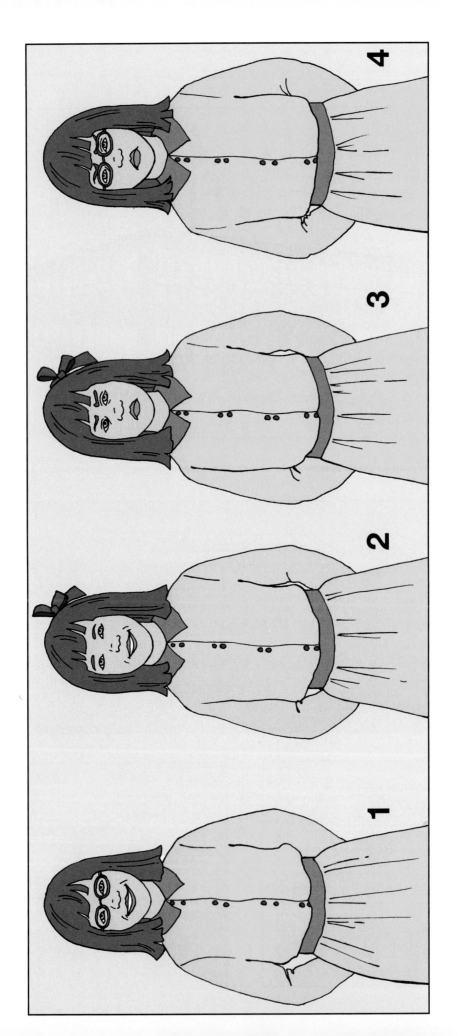

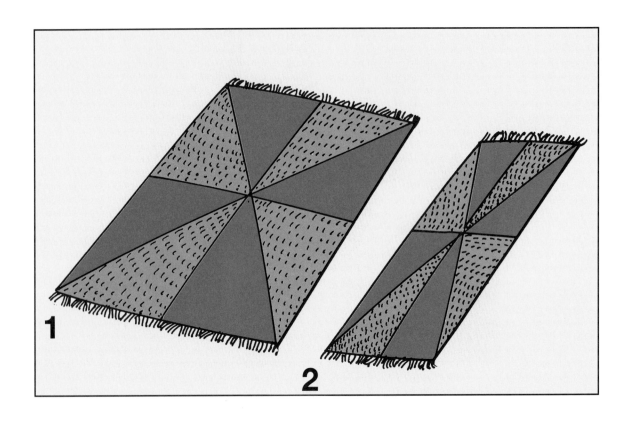

1

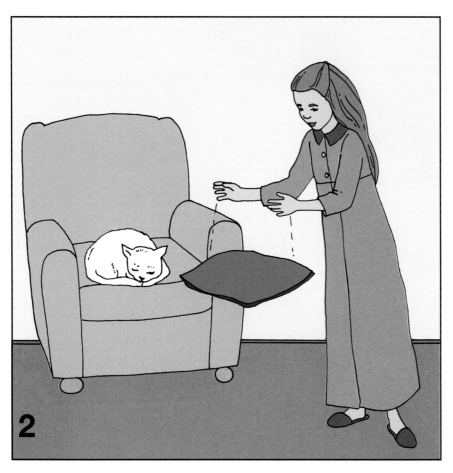

2

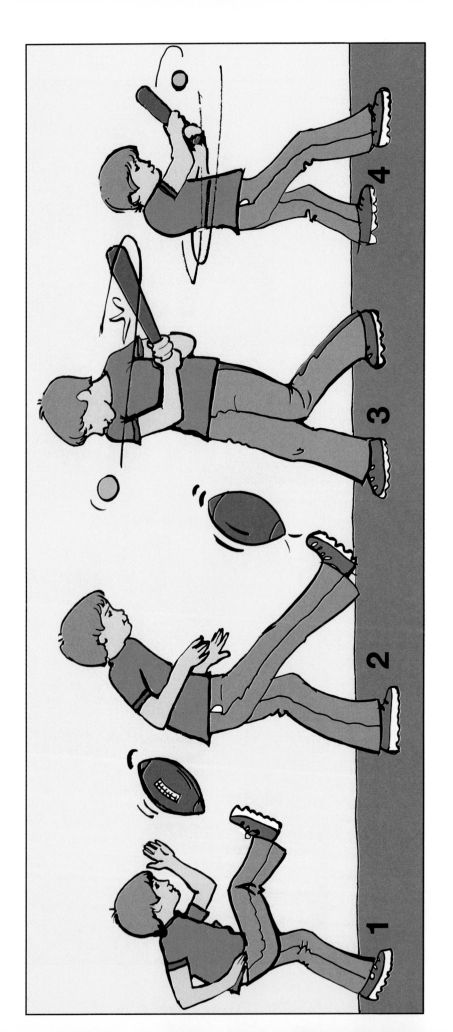

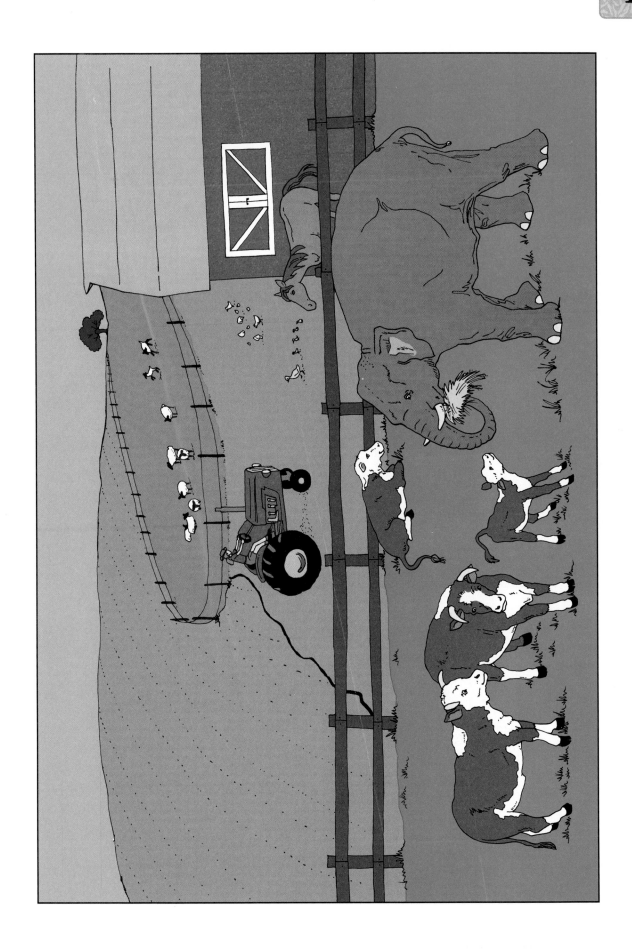

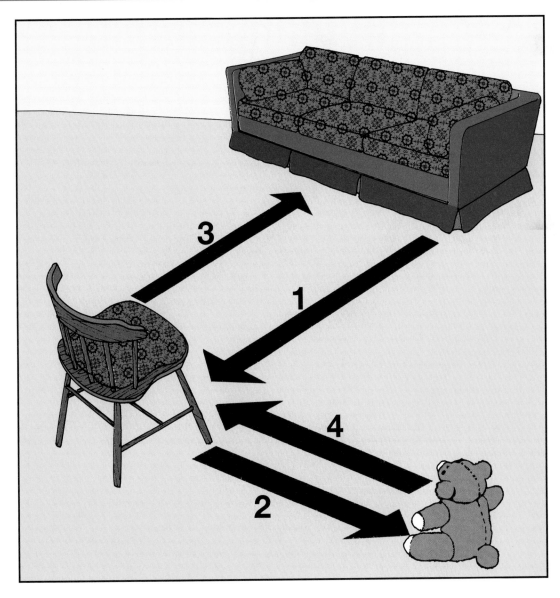

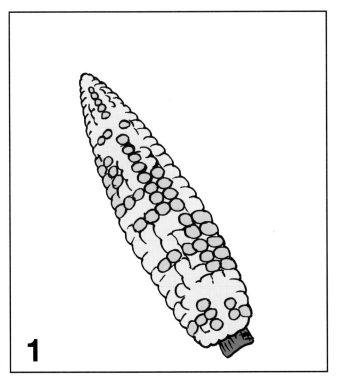

1

2

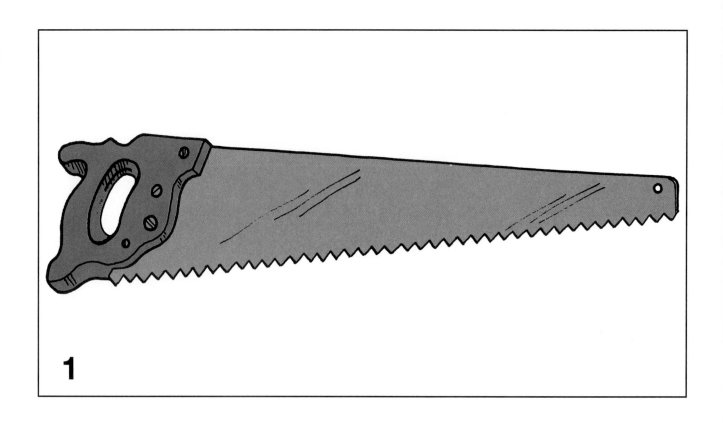

1

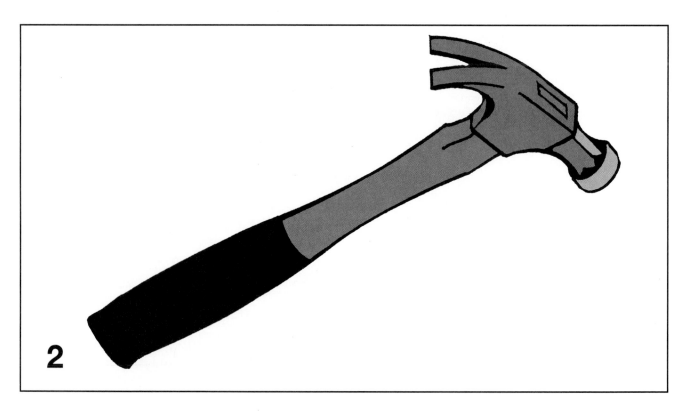

2

1

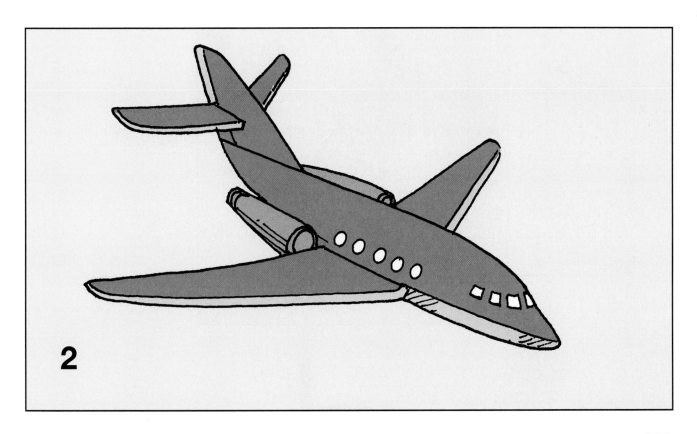

2

R

L

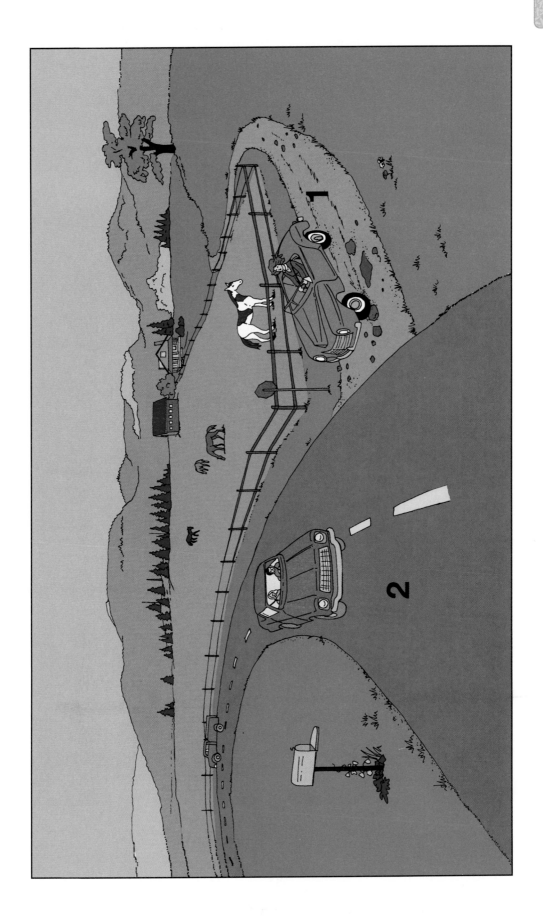

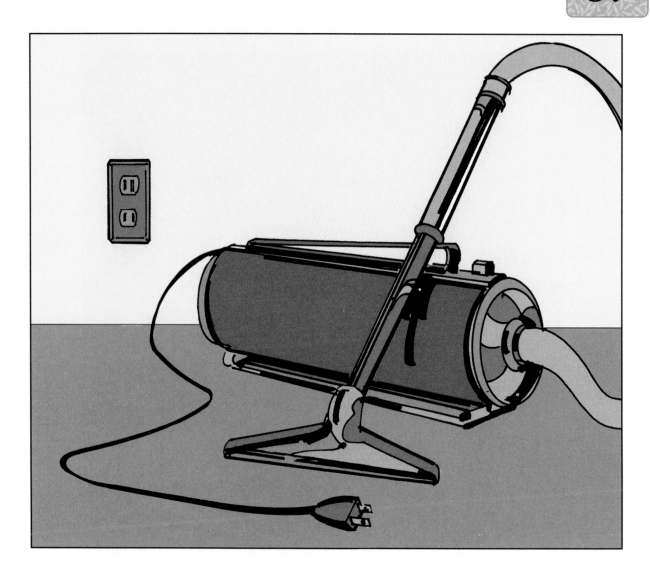

L     R

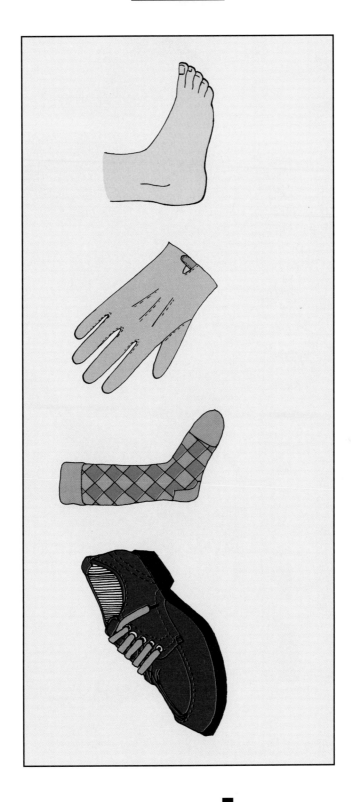

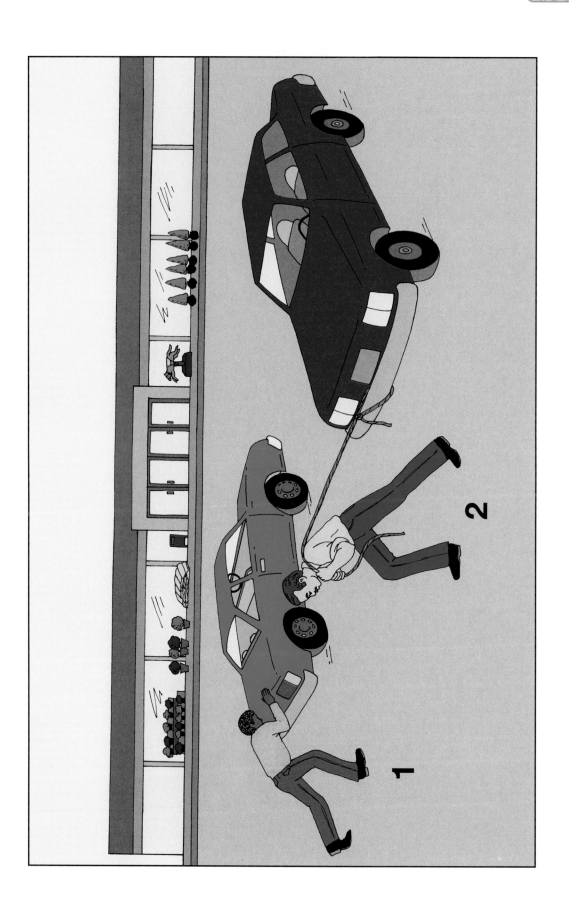

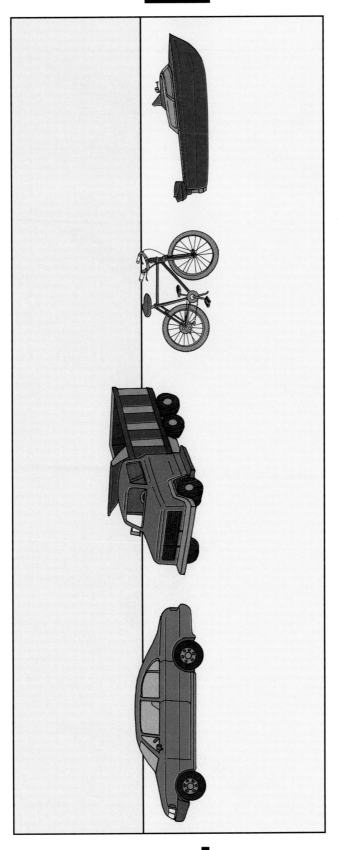

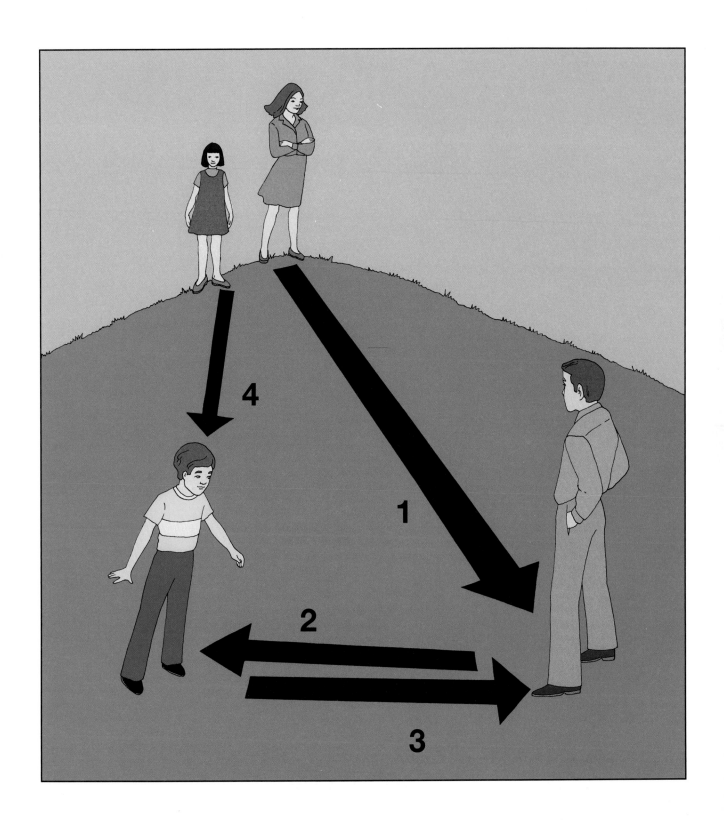

1

2

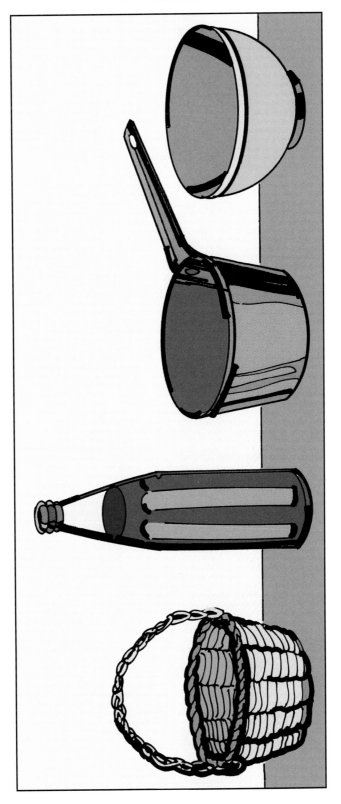

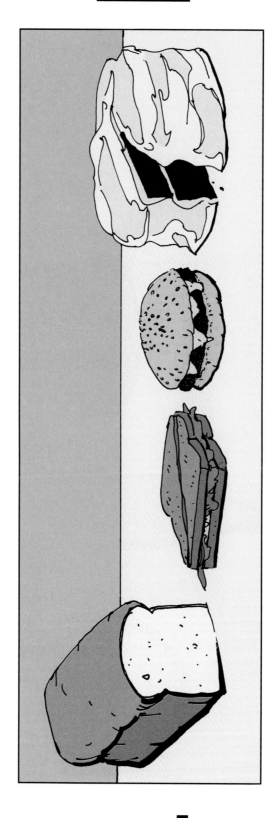

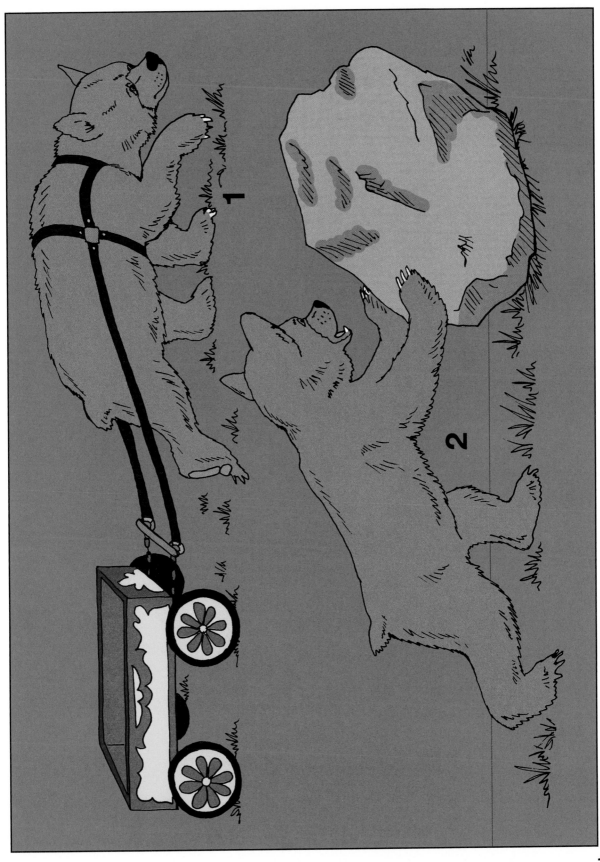

1

2

The car

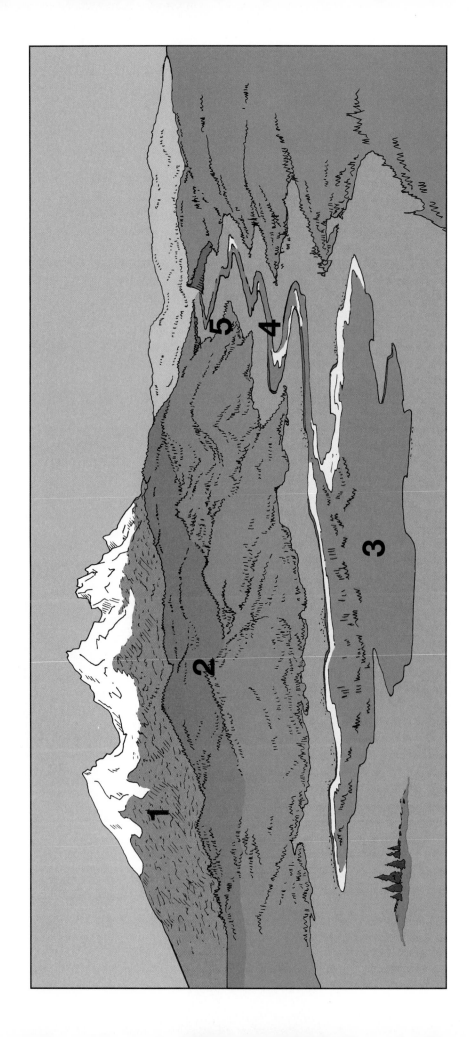

1

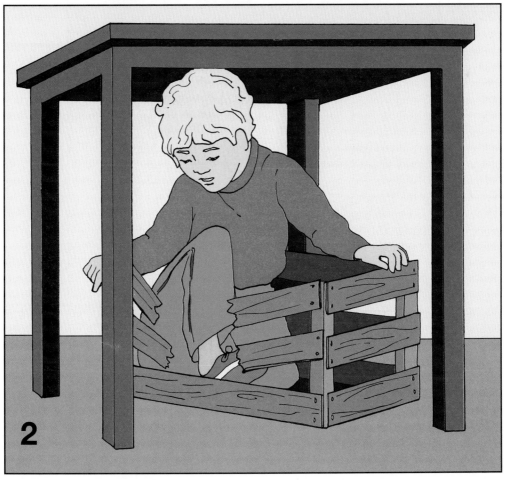

2

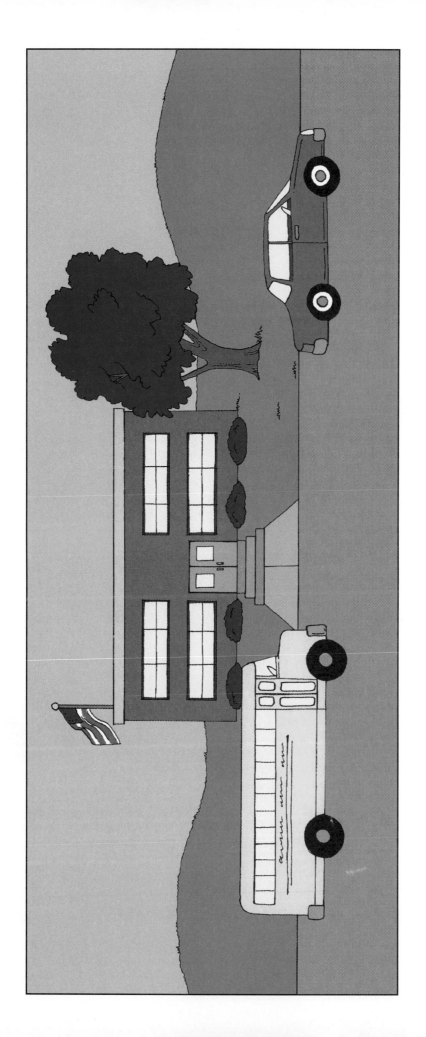

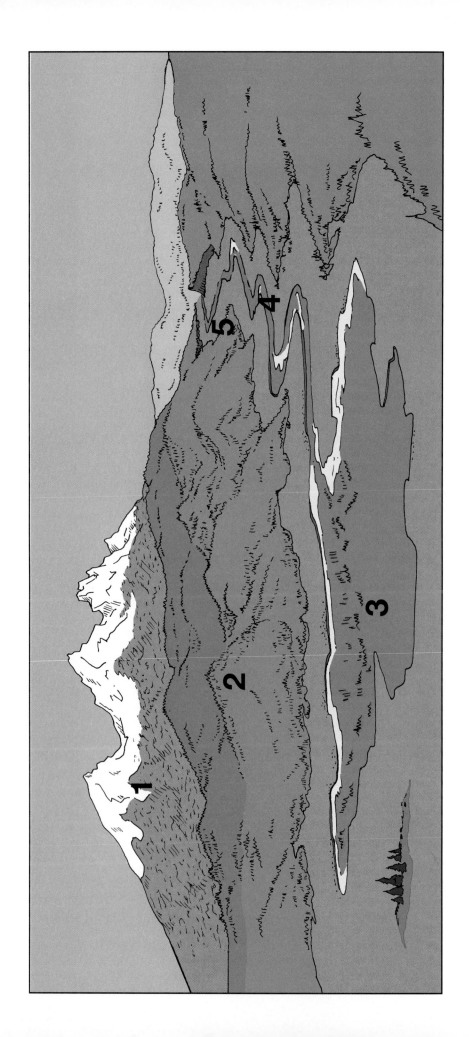

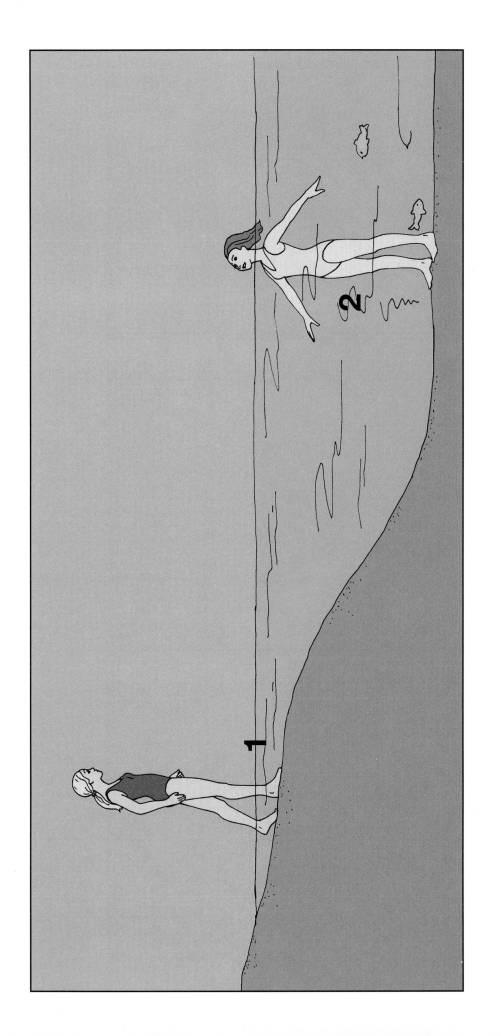

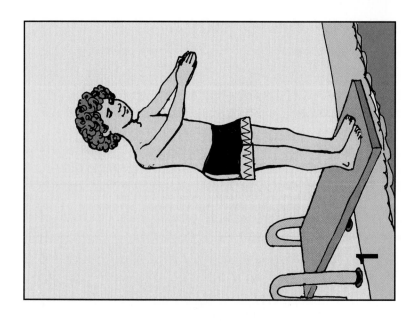

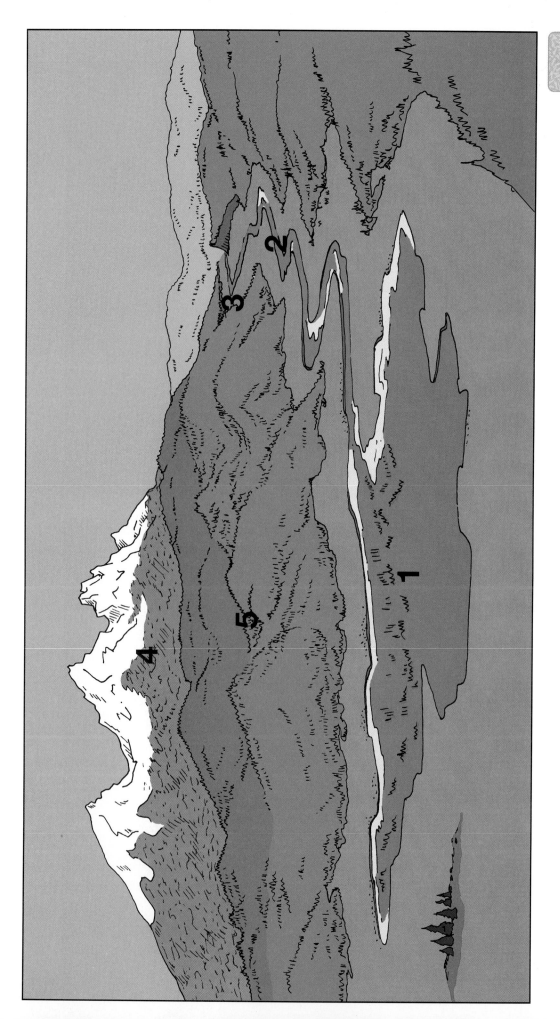

1

2

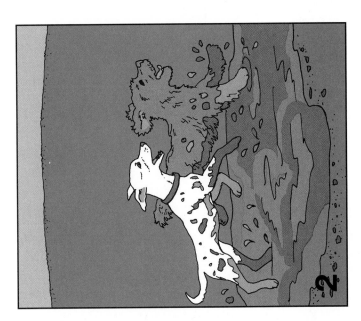

1

2

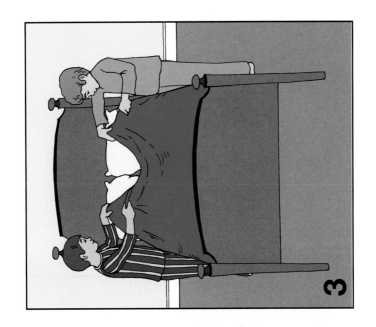

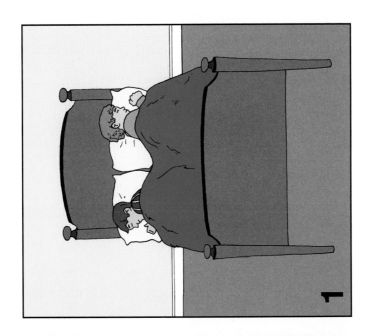

1

2

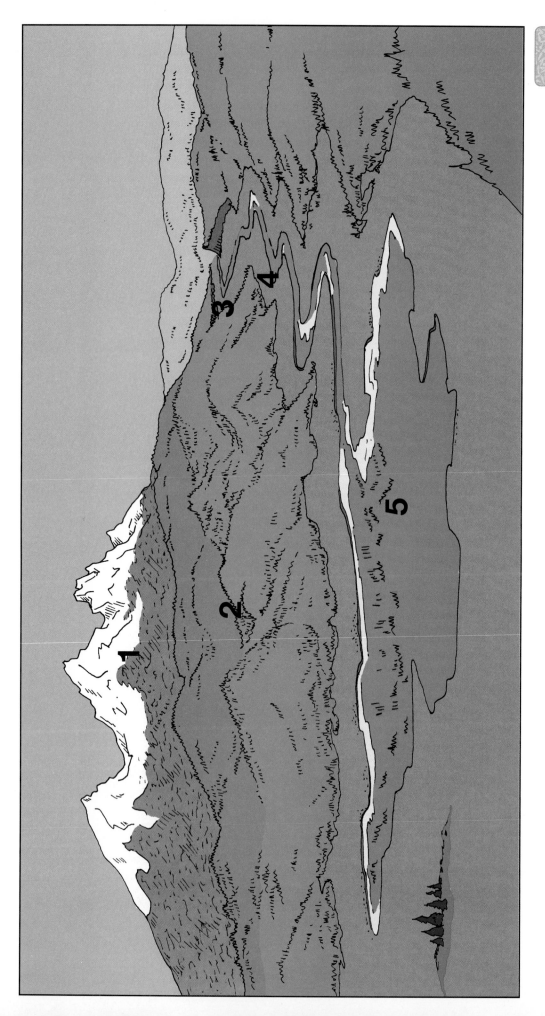

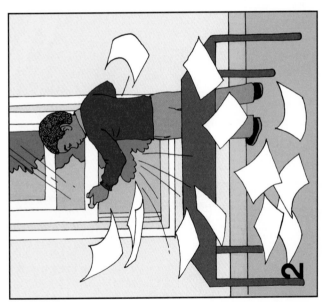

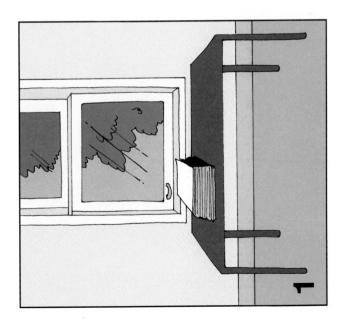

1

2

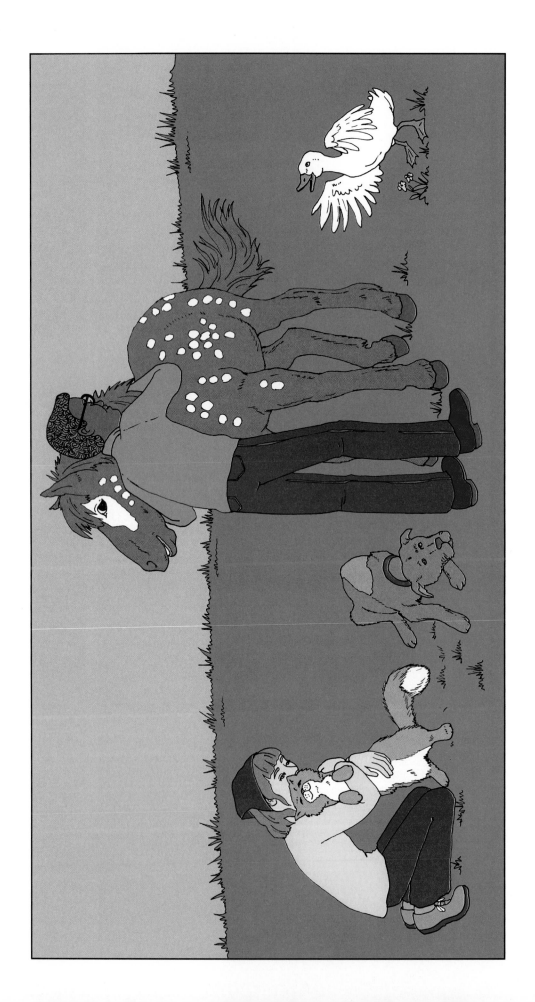

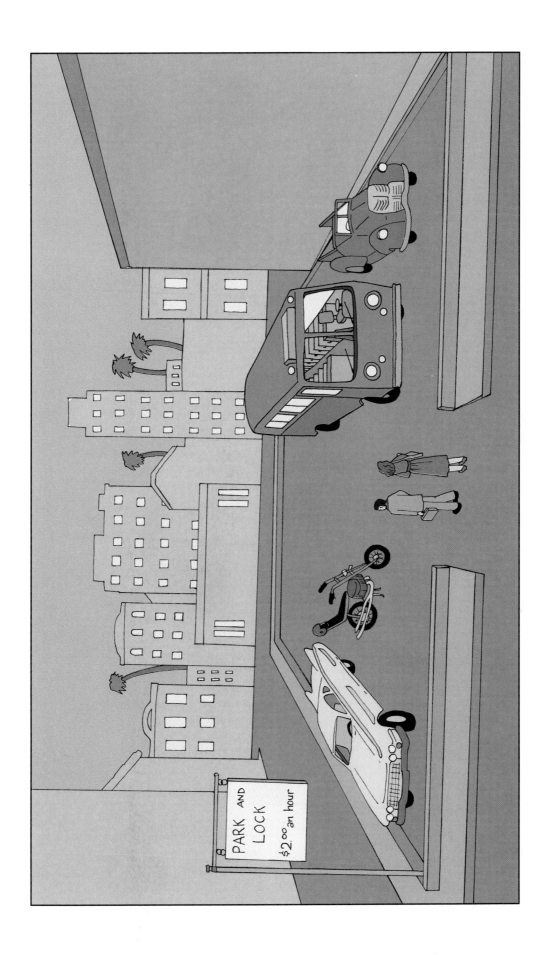

PARK AND LOCK $2.00 an hour

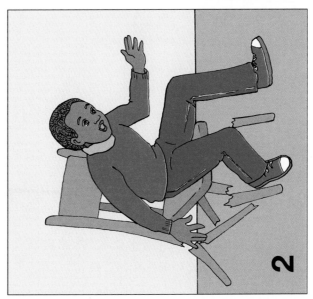

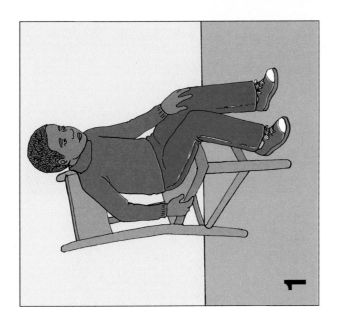

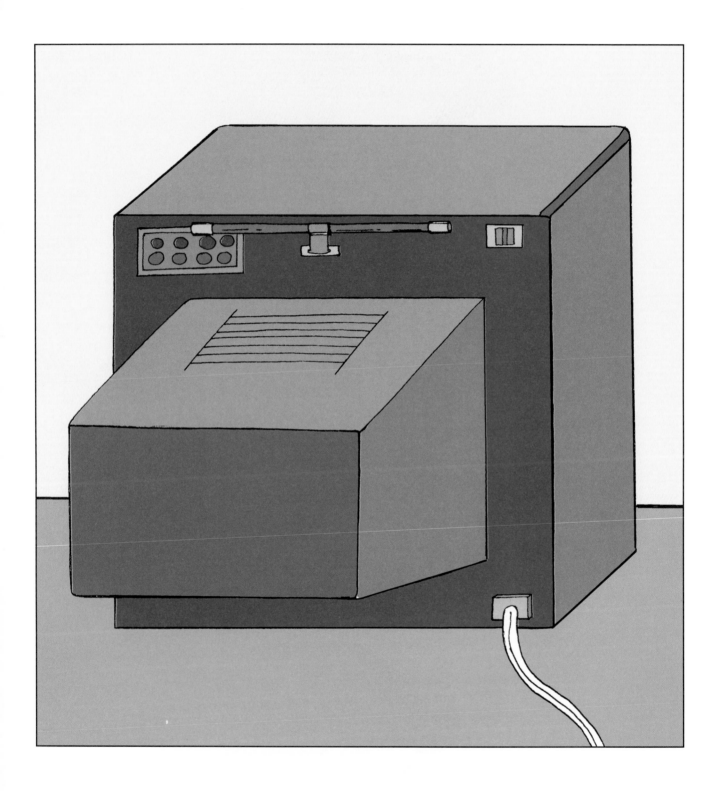

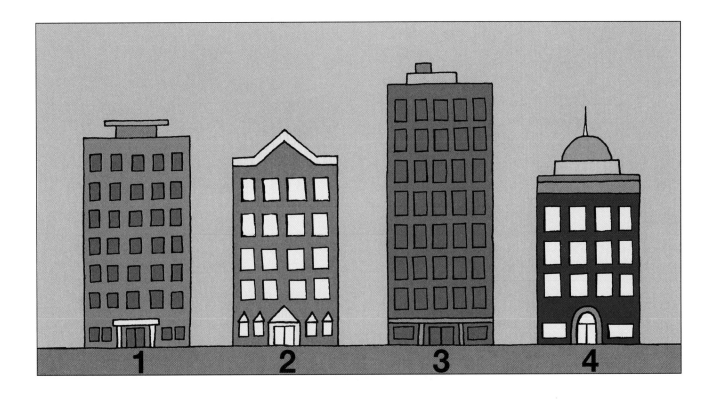

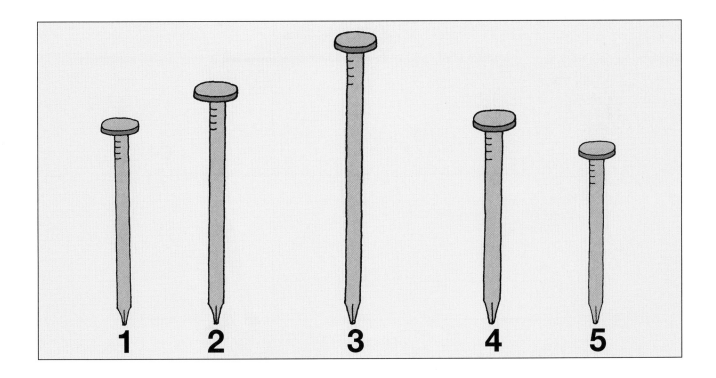

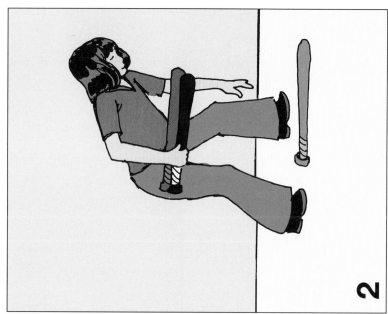

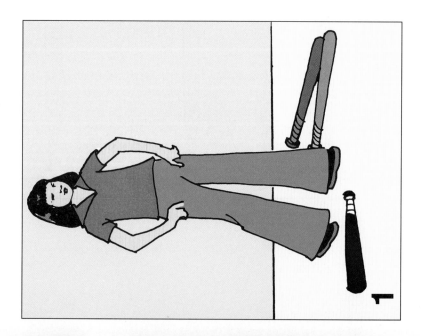

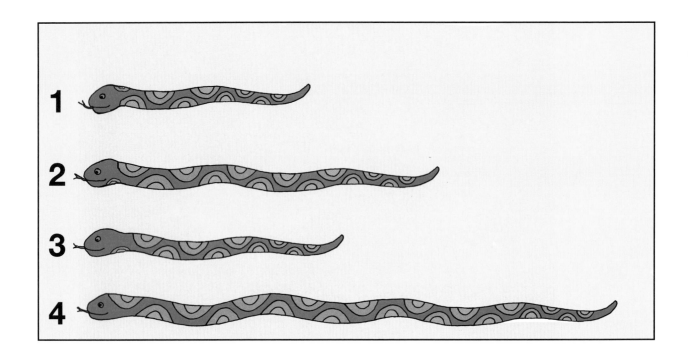

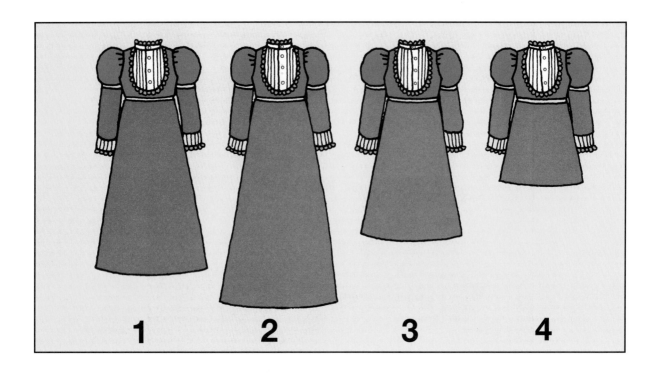

1   2   3   4

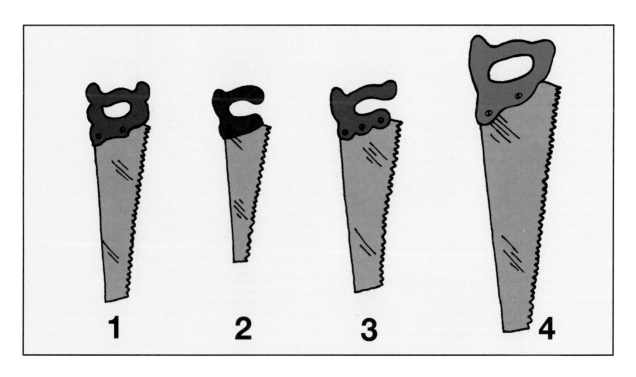

1   2   3   4

1

2

3

4

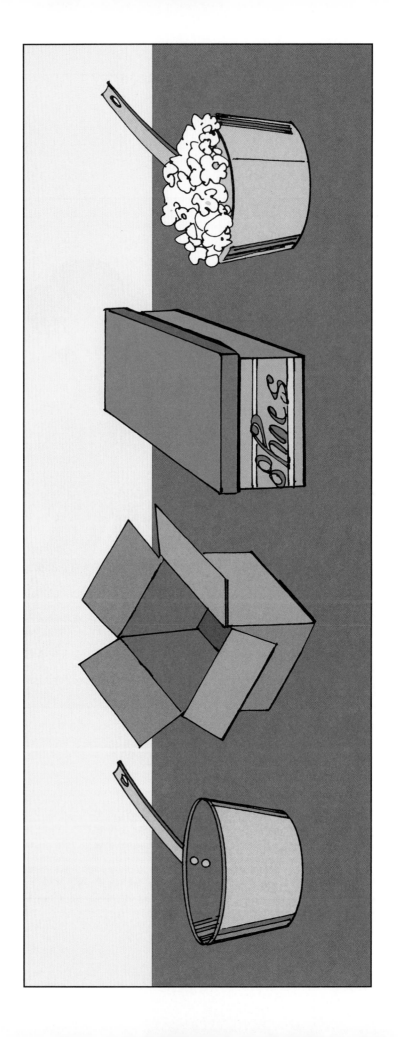

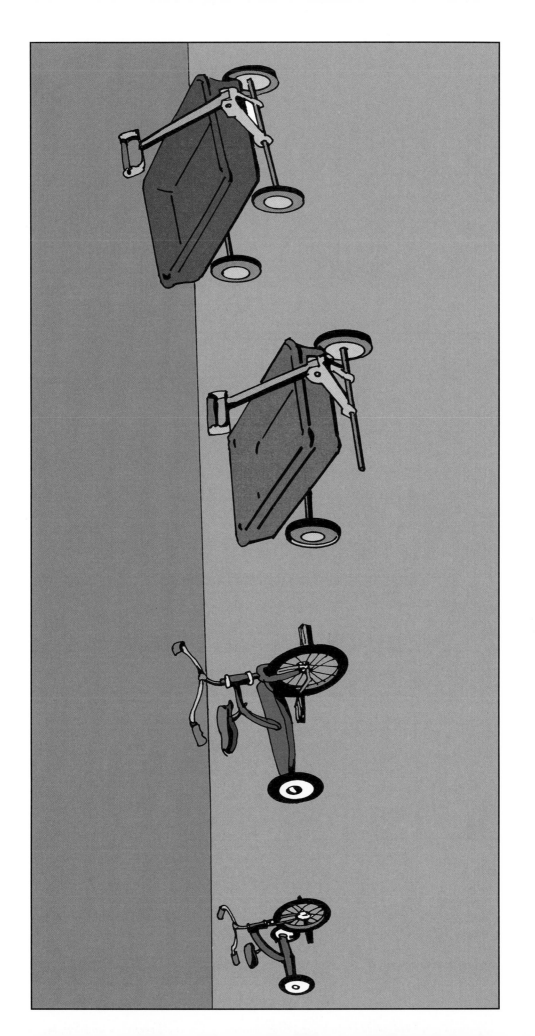

1

2

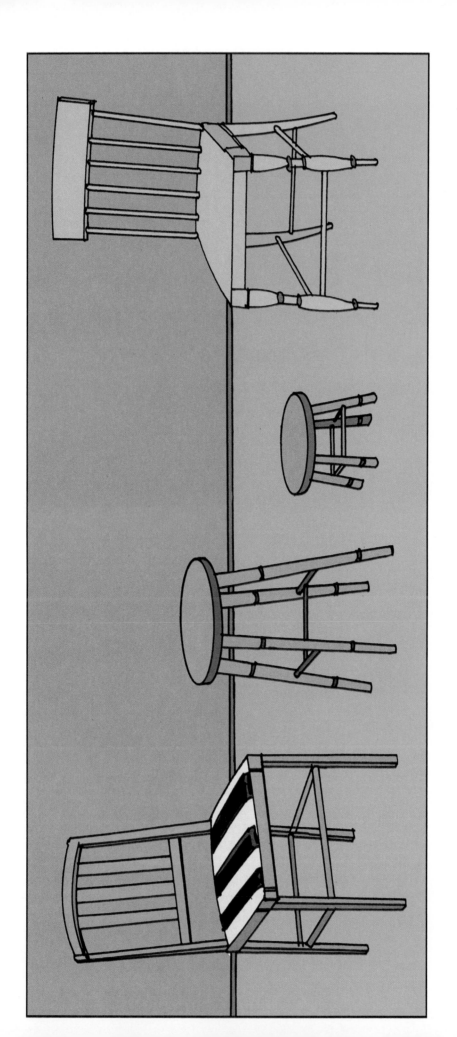

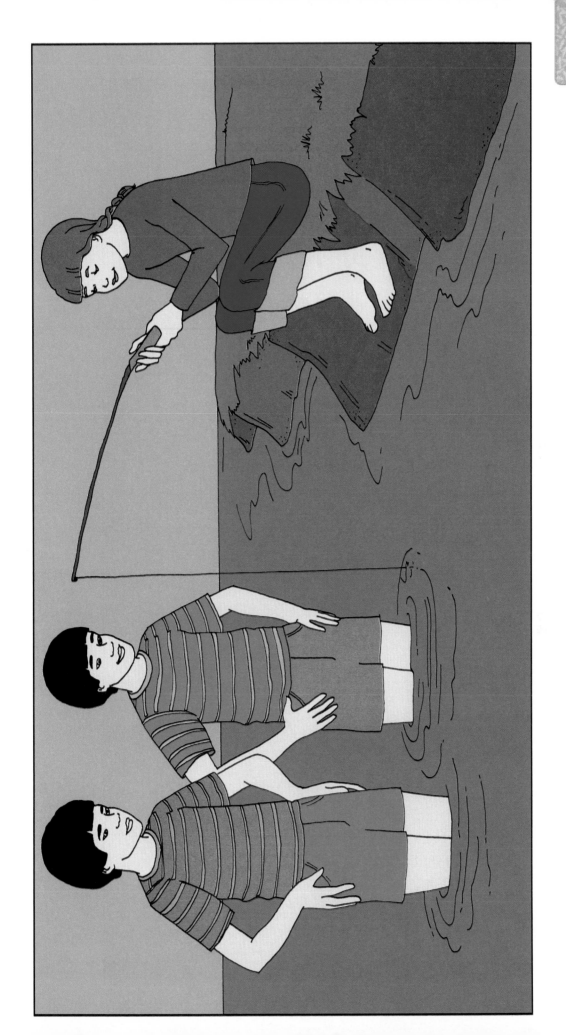

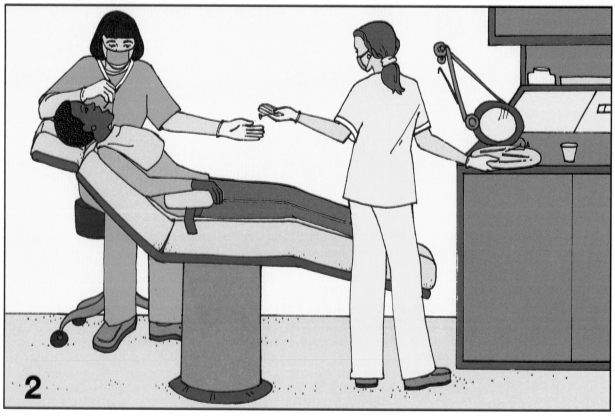

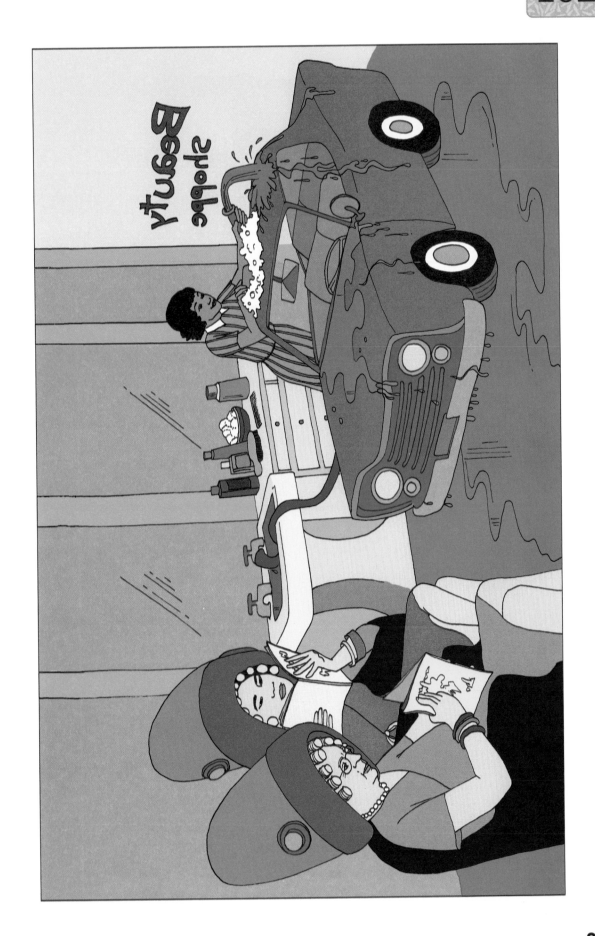

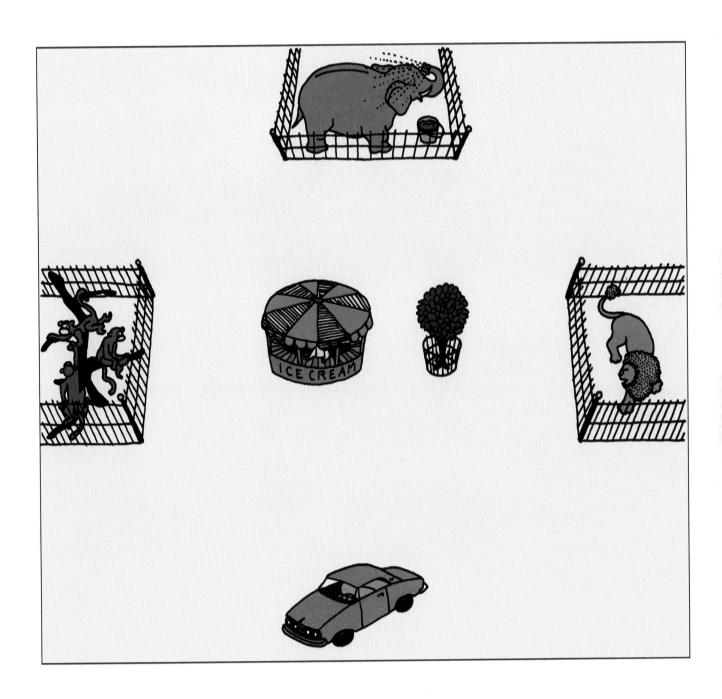

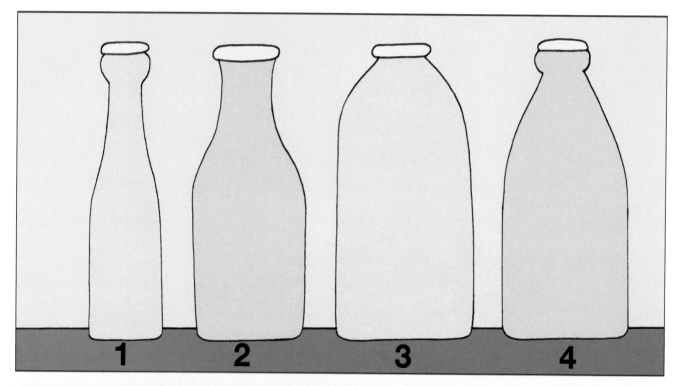

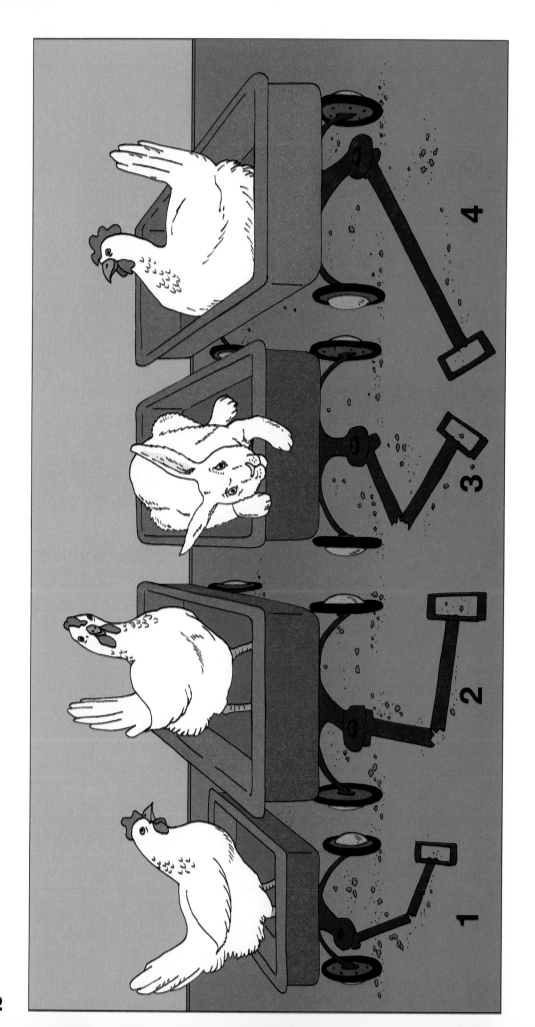

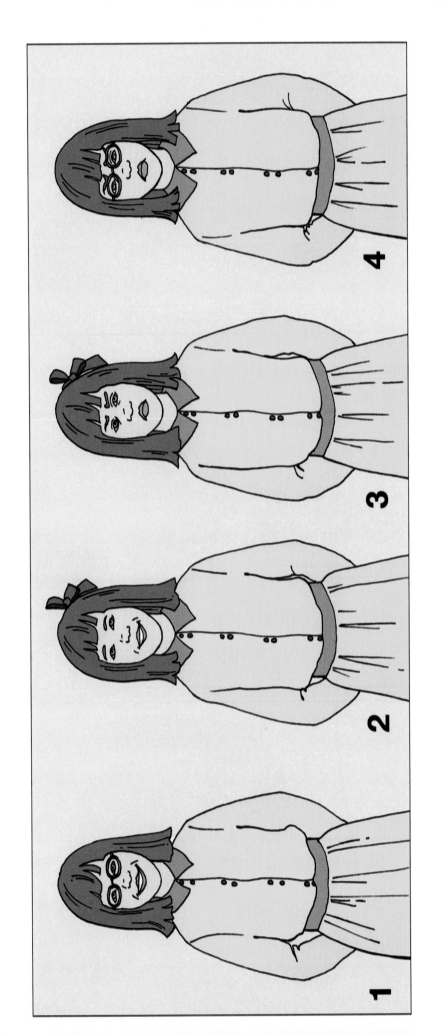

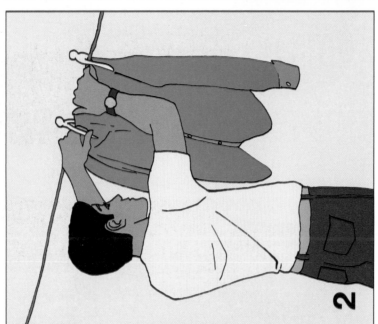

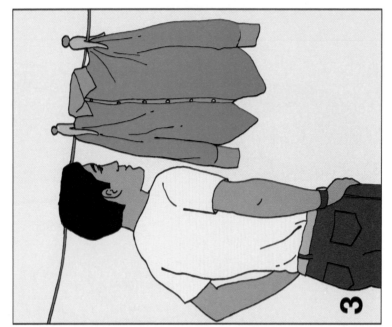

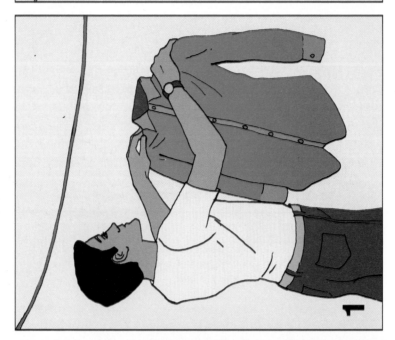

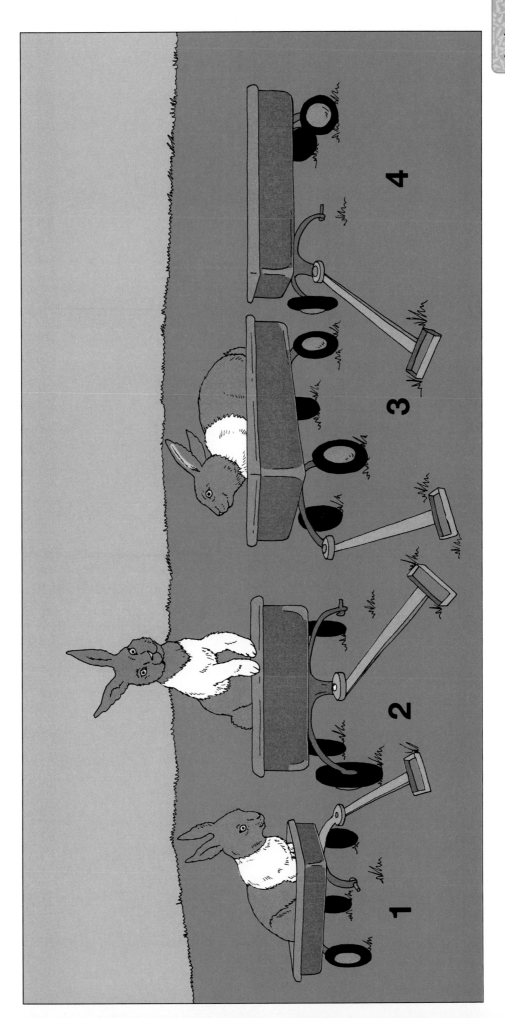

3

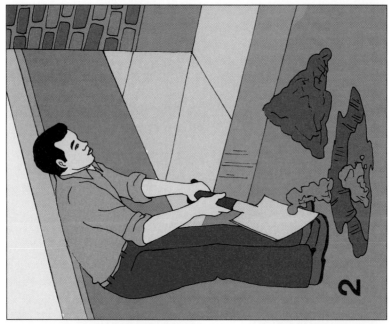

2

1

1

2

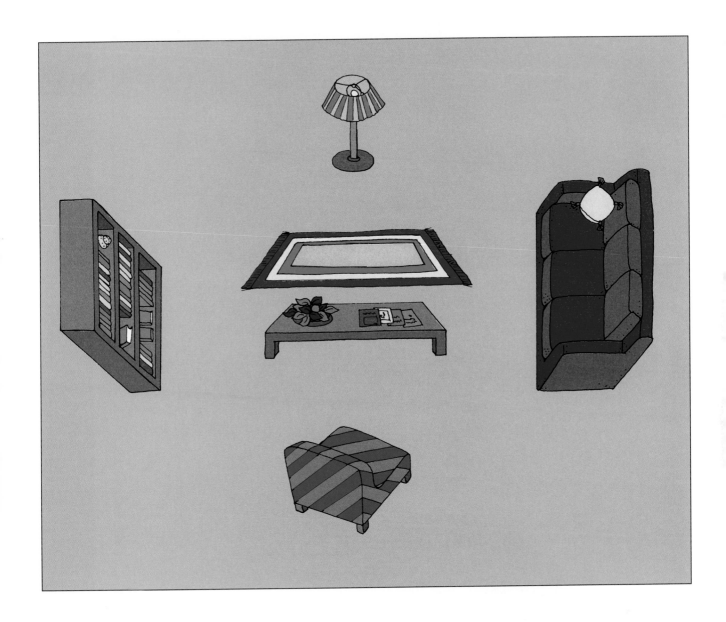

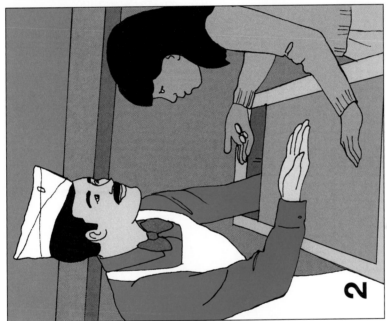

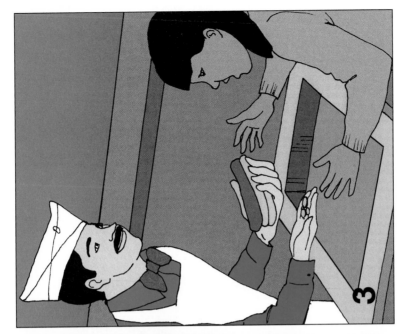

1

2

3

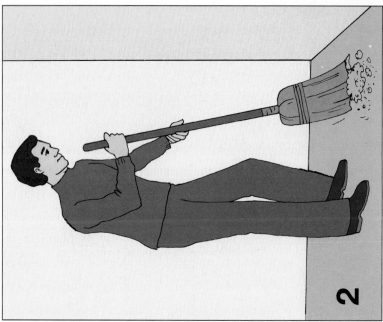

2

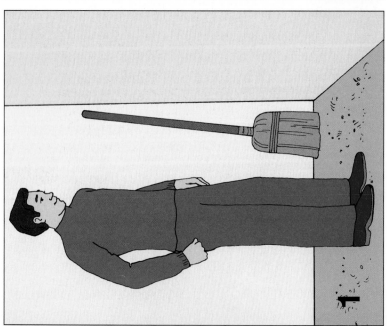

1

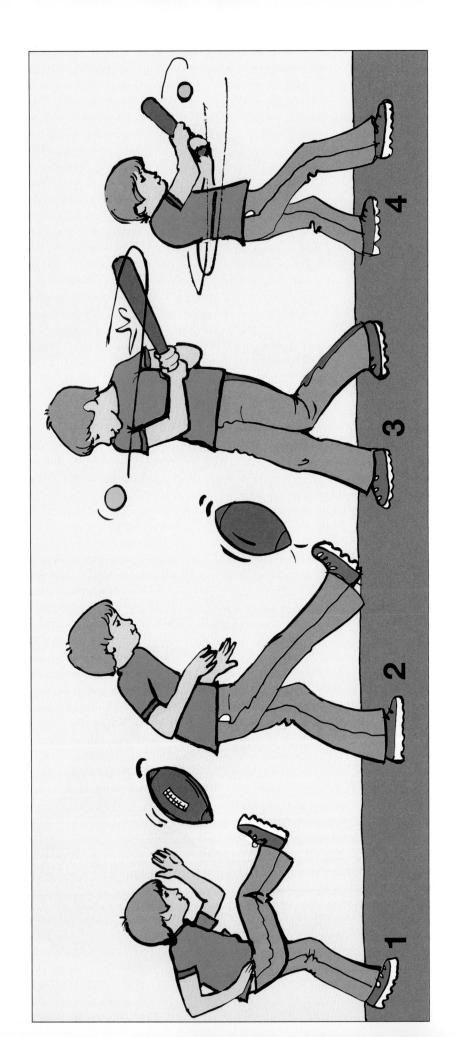

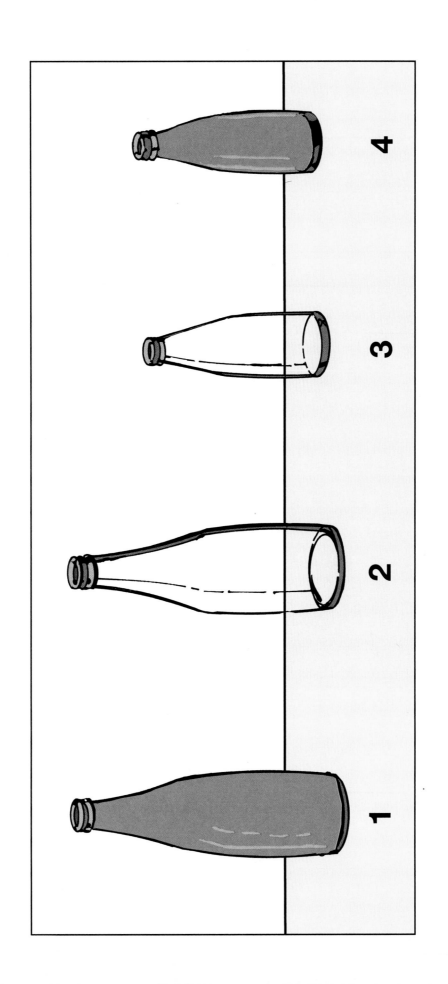

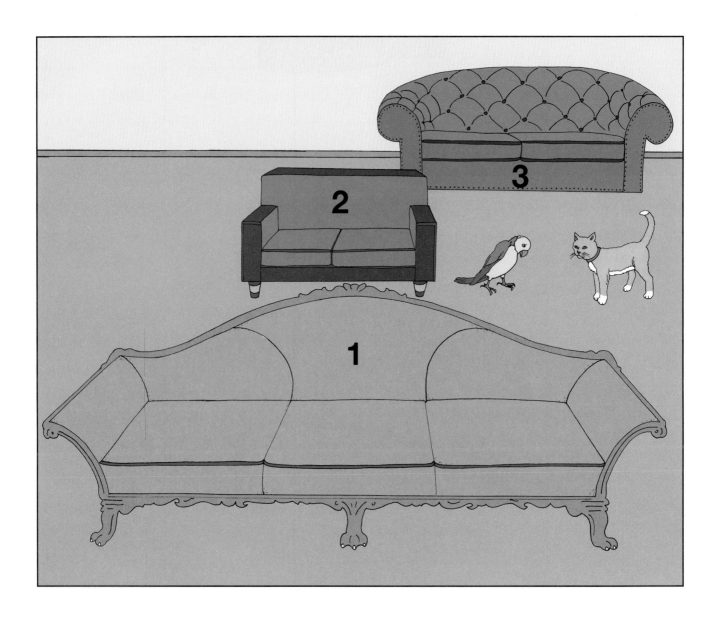

1

2

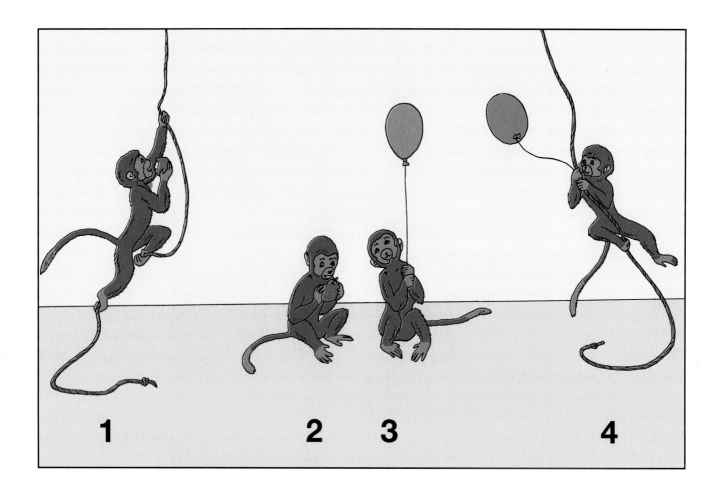

1   2   3   4

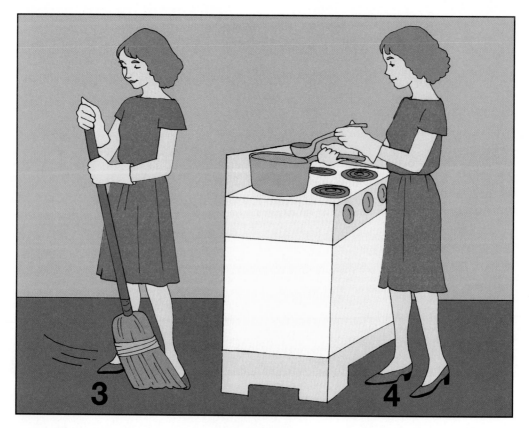

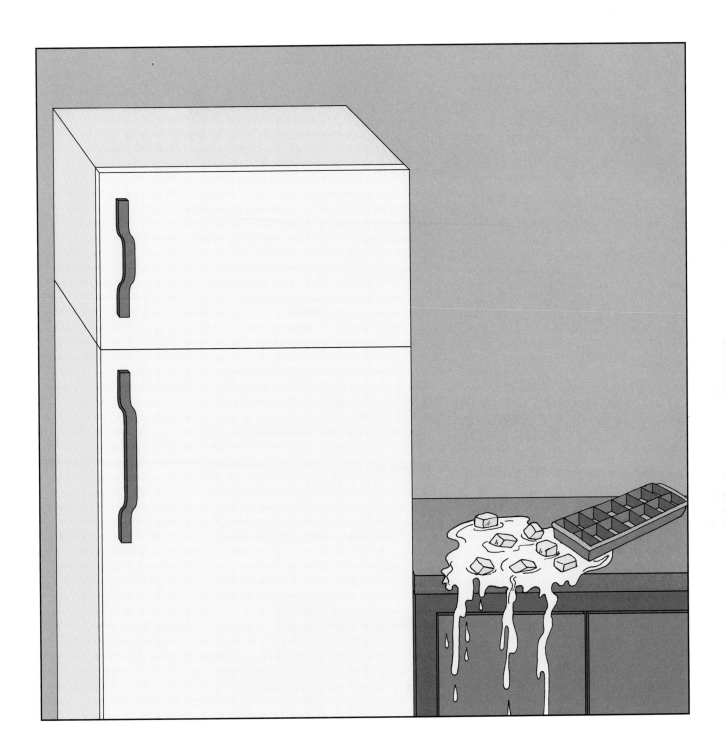

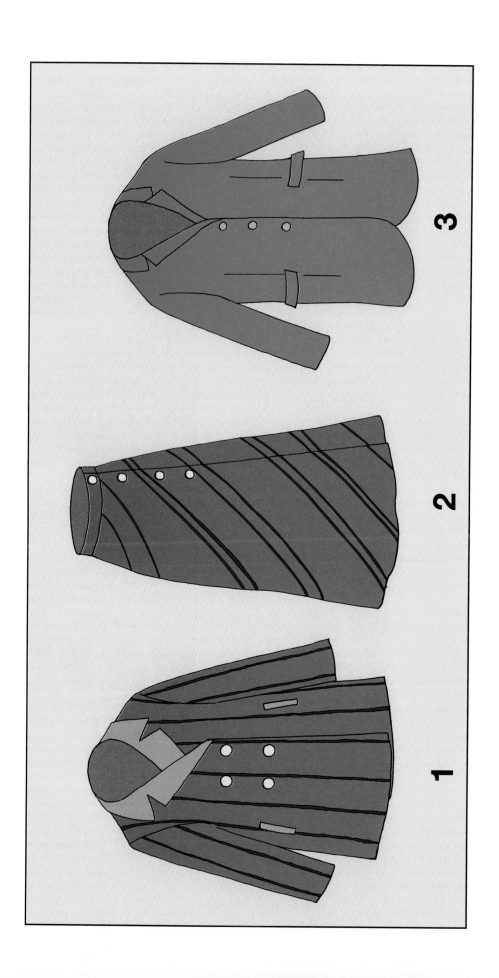

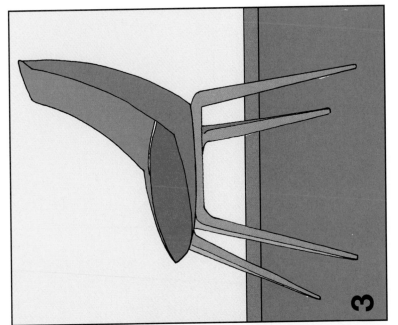

3

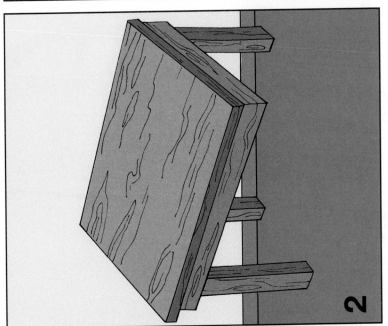

2

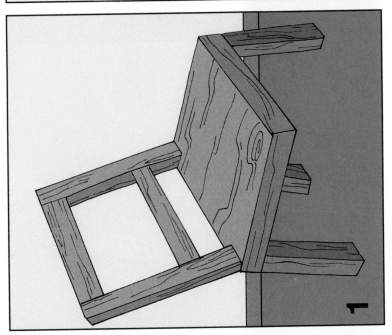

1

1

2

3

1

2

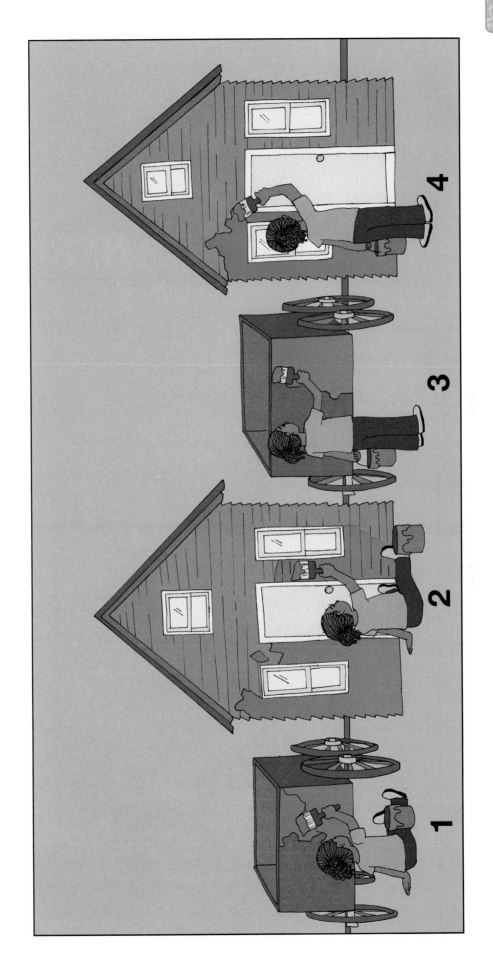

1

2

3

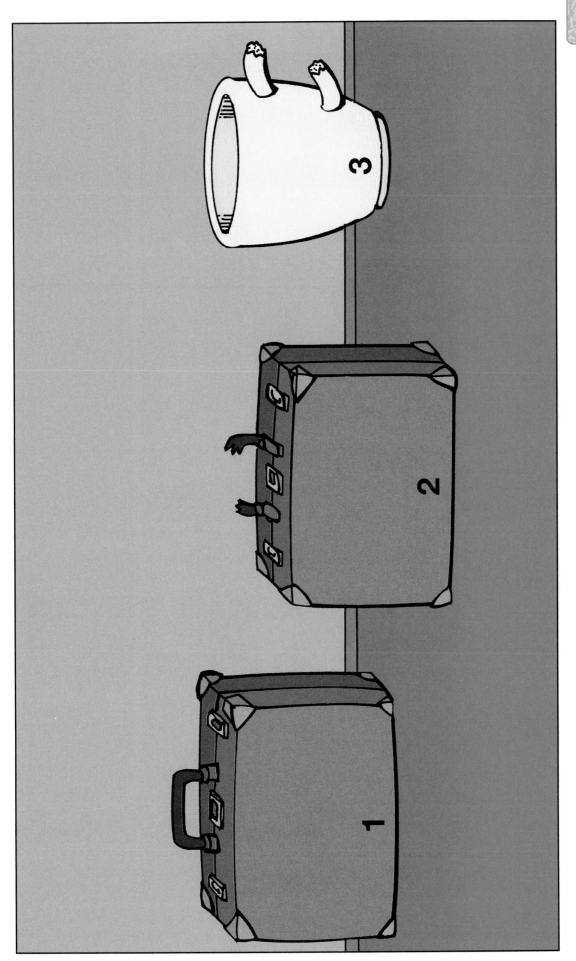

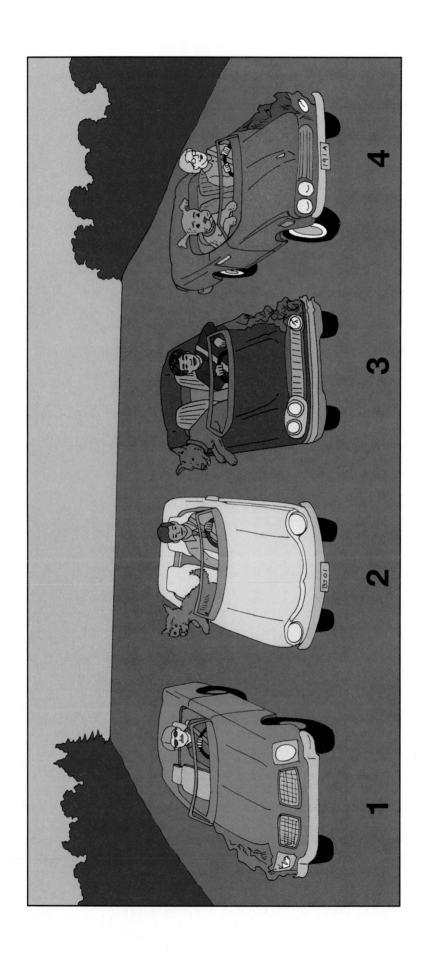

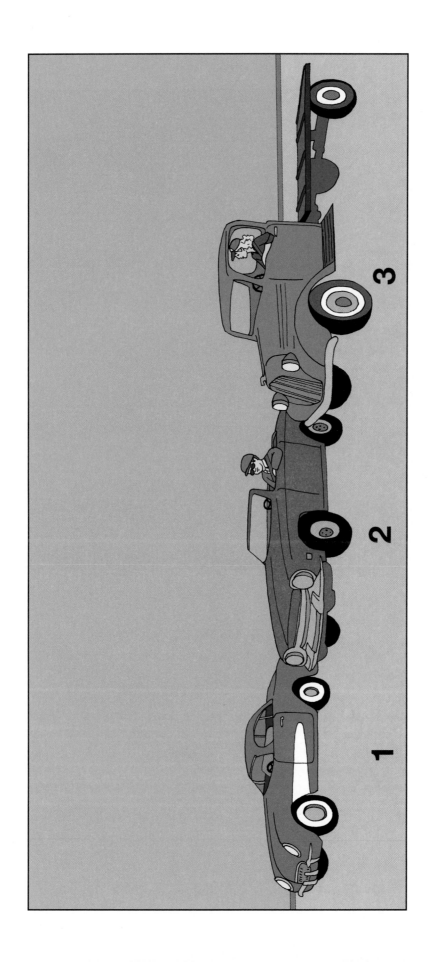

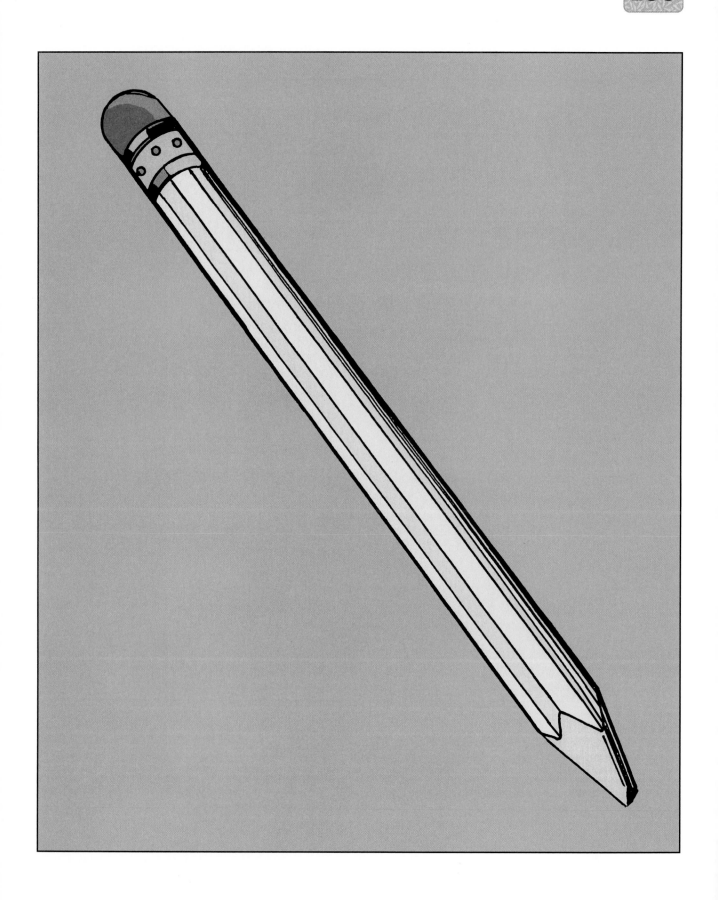

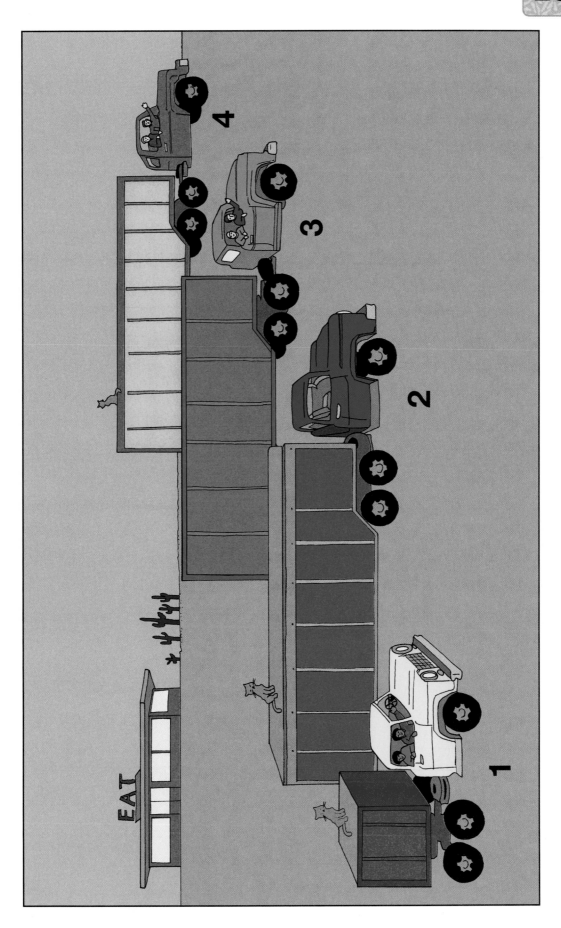

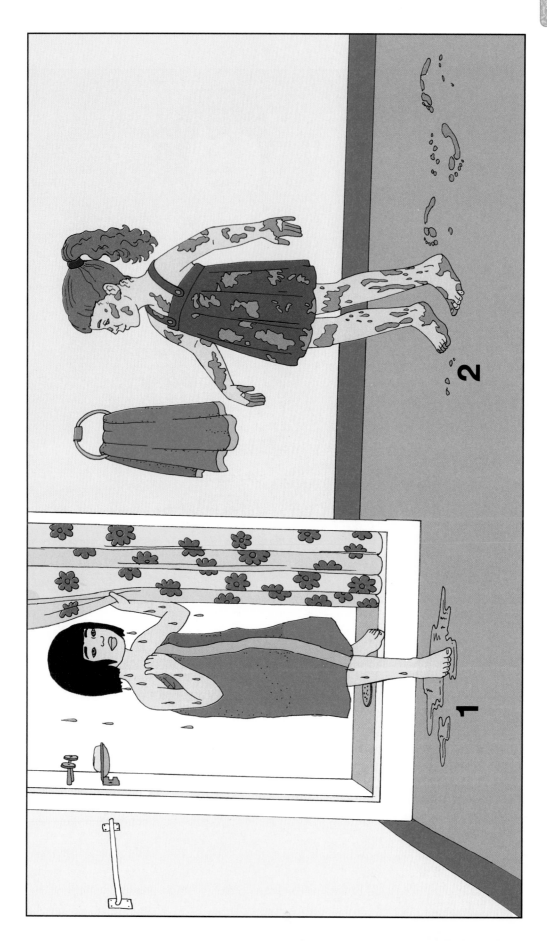

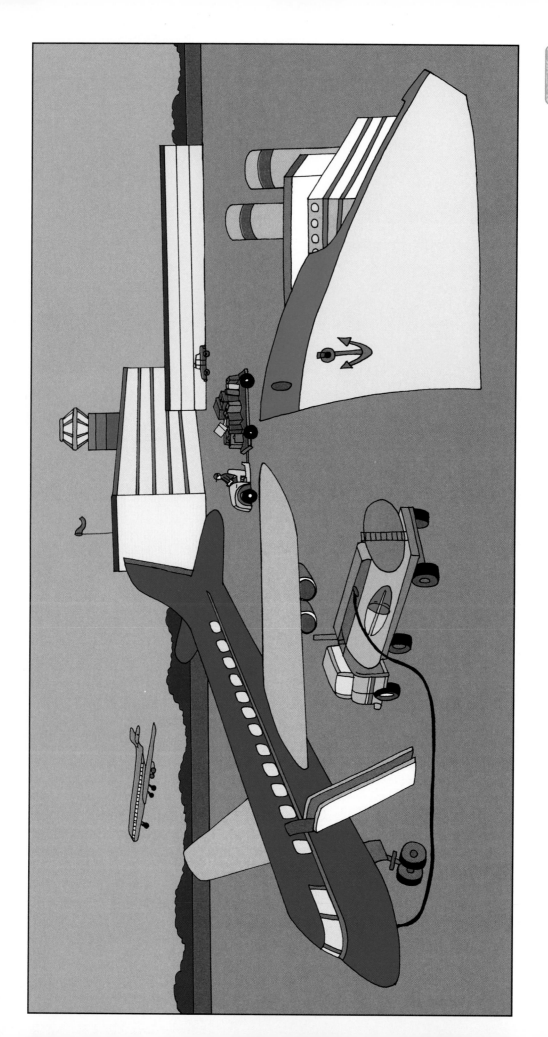

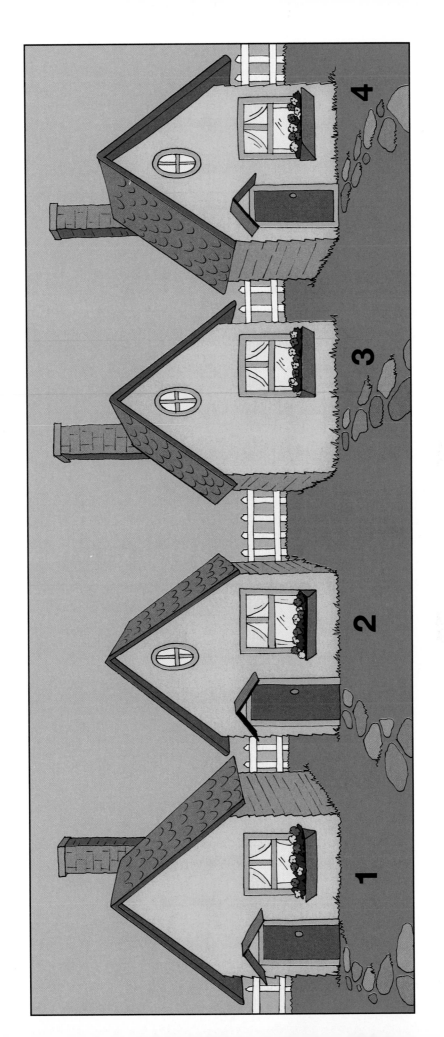

316

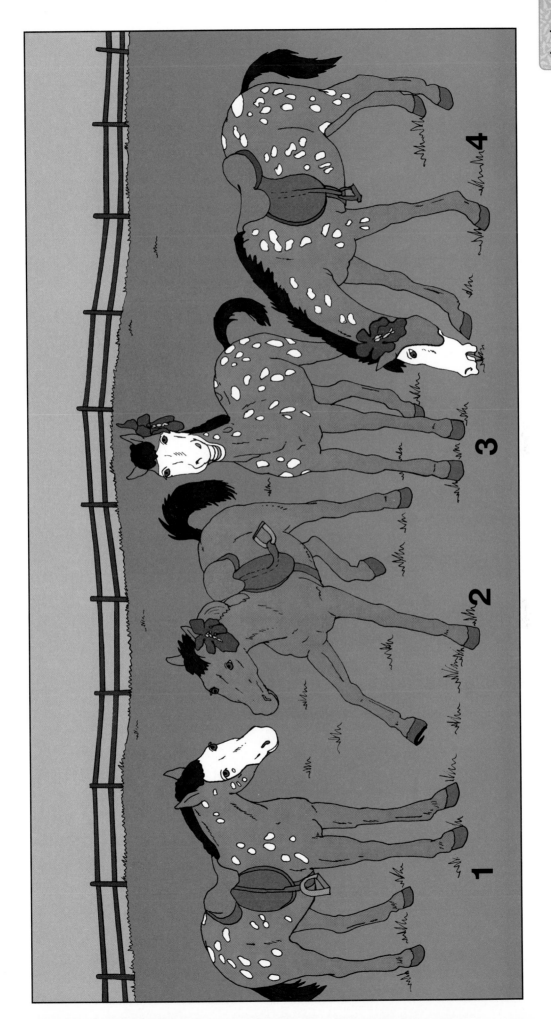

144

318

1

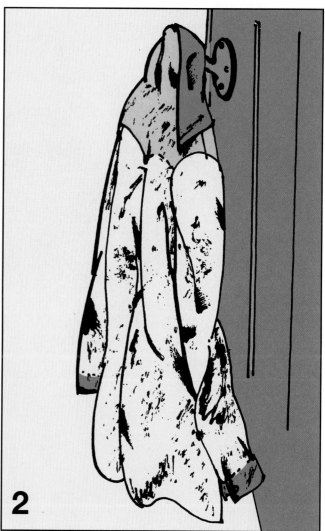

2

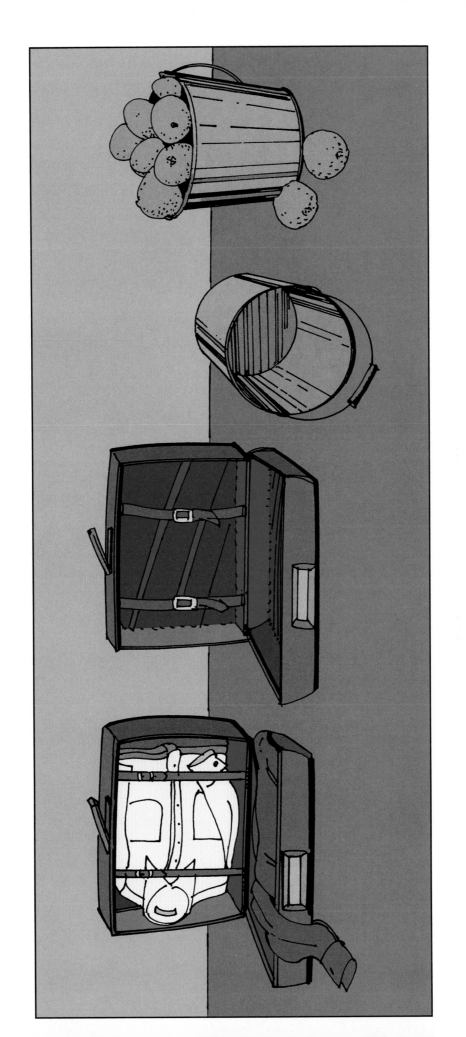